山崎陽子

おとなの浴衣、はじめます

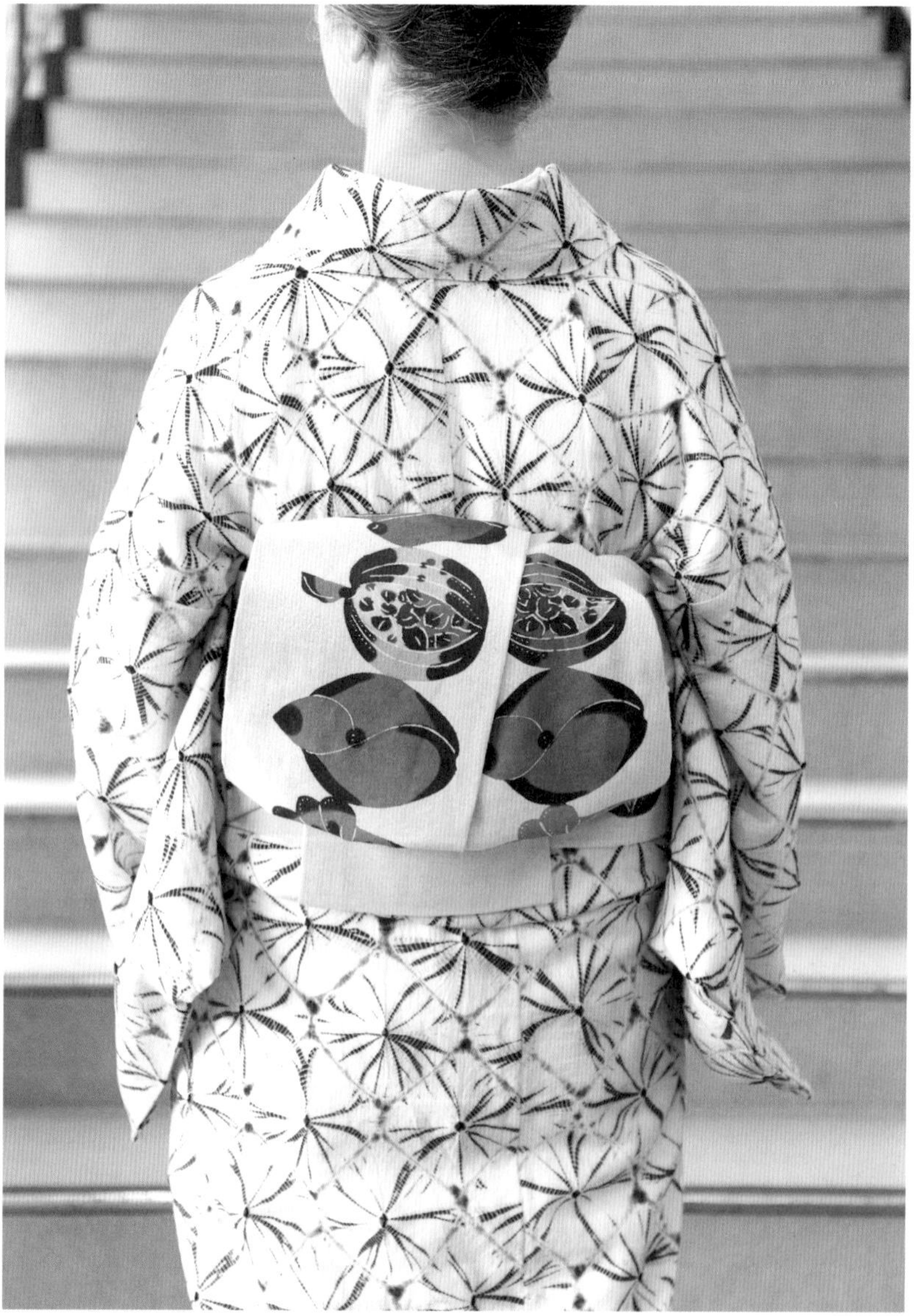

ゆ
牛乳石鹸

浴衣を楽しみましょう

浴衣は夏祭りや花火大会に着るもの、
今までならそうだったかもしれません。
でも最近では、晩春から秋の初めまで、
それぞれの時期に似合う色柄、素材、
着こなしもあります。
存分に浴衣を活用してみませんか？

1 きものよりリーズナブル

ほとんどの浴衣は綿生地でつくられます。
絹糸を織ったり染めたりした
きものより安価で、
購入のハードルが低いのが
うれしいですね。
洋服でいえばTシャツにデニムのような
立ち位置になります。
構えず気楽に取り入れてみましょう。

2 お手入れができる

素材は綿（ときどき麻、ポリエステルも）。裏地のない一枚仕立てなので、自分で洗えます。メンテナンスにお金がかかりません。水に弱い絹と違い、汗をかいても雨に濡れても、うっかり食べこぼしても、怖がらずにチャチャっとお手入れ。いつでもさっぱり着られます。

3 着付けや帯結びが簡単

浴衣に半幅帯なら、着付け教室に行かなくても、動画を見ながら練習すれば着られるようになりますよ。もともと湯上がりに着ていたのだから、複雑なことは似合いません。帯結びも自由に、適当でいいのです。「習うより慣れろ」でいきましょう。

4 温暖化で着用期間も長く

昨今、
5月や9月の真夏日も珍しくなく、
体感的に「もう（まだ）浴衣でいいのでは？」と
思う日も。
出番は確実に増えています。
5月には5月の、9月には9月の
季節感を上手に取り入れながら着れば、
箪笥の肥やしにはならないはず。

5 よそゆき浴衣も増えて

ここ数年、
「これが浴衣？」と見紛うほどの
単衣や夏きもの風のものも増えています。
襦袢や帯によっては、
立派な外出着にも！
半衿を入れる、帯締めや帯留めを加える、
きれいな小物をプラスして、
素敵なレストランにもいきましょう。

6 きものへの助走として

きものは着たい、
でもいきなりはちょっと……。
そんな人にも浴衣がおすすめ。
ローリスクで和装がはじめられます。
浴衣を通して自分の好みがわかり、
きものとの付き合い方が見えてきます。

浴衣は男女に共通の衣服です。
そして、子どもからおばあちゃんまで、
どんな年齢でも着られます。
江戸時代から庶民の夏を彩りました。
10代20代で着る浴衣は、
弾ける若さでまぶしいほどキラキラ。
30代40代、女盛りの美しさは、
爽やかな浴衣姿によって匂い立つよう。
50代で着る藍と白のコントラストは、
女のゆとりを感じさせます。
「夏はいったいに人を若くする趣があるが、
そのうちでもゆかたは六十歳以上の女を
えらくきれいにする。」と書いたのは、
随筆家の幸田文さん。心強いですね。
湯上がりとして素肌にまとったり、
きもの風の装いで食事に出かけたり。
モダンに、古風に、ポップにもシックにも。
みんなで着ましょう、出かけましょう。

目次

2章

着れば着るほどわかる 職人の心意気、浴衣の矜持 ……65

3章 シンプルでアレンジがきく、おとなに似合う半幅帯結び …… 97

4章

浴衣は自分で洗えます。着付けも、最小限の装備で

5章 涼を感じさせる色と素材、浴衣は小物も楽しい

P4 松原伸生さんの長板中形、本藍染めの笠文を浴衣らしく着て、
縄トモコさんのキュートな月桃柄の紅型半幅帯をアクセントに。

P5 上・「竺仙」の綿紅梅、波にかもめは大らかな色と柄が魅力。
山下健さんのロートン織半幅帯の端正な美しさとの対比が楽しい。
下・「藤井絞」の備長炭入り綿麻浴衣は、紫の雪花絞りが印象的。
「誉田屋源兵衛」の芭蕉糸を編んだ半幅帯で、ナチュラルに装って。

P6 上・国内生産にこだわった有松の手蜘蛛絞りに
「紺仁」の片貝木綿のリバーシブル半幅帯を合わせ、おとなのカジュアルスタイル。
下・「丸久商店」の綿麻変わり生地の点点柄には、
「びんがた工房くんや」の名古屋帯を銀座結びにして、ちょっとよそゆき感を。

P7 透け感のきれいな菊地信子コレクションの絹紅梅は夏きものとして。
「手描きジャワ更紗 Reisia」の麻名古屋帯でおめかし。

引用（P7）：『きもの帖』幸田 文（著）、青木 玉（編）平凡社、2009

・この本の使い方

3章P100〜107「8つの半幅帯結び」では、
各ページからQRコードにアクセスすると、動画を見ることができます。
視聴は無料ですが、別途通信料がかかります。
※パケット定額サービスでのご利用を推奨します。

1章

5月から9月、浴衣の着こなし

住む地域によりますが、体感としては1年のうち約5か月は浴衣でいいかも？　と思えるほど、温暖化が進んでいます。
さらに、浴衣の世界にも進化が見られ、真夏向きの薄いものだけでなく、晩春や初秋にも着られる地風のあるタイプが増えてきました。
私も年々、着用期間が延び、今ではゴールデンウィーク後半から秋彼岸まで着ています。
では、実際にどの時期に何をどのように着ているのか？　暦別の種類と着こなし、TPO別のスタイルの一例をご紹介しましょう。帯は簡単に結べる半幅帯をメインにコーディネートしました。

私の実践的着こなしカレンダー

きものの世界では何月にはこういうものを、という不文律があるのですが、それも最近は曖昧になってきました。特にカジュアルな日常着では「もう体感重視でいいですよね？」というのがメインストリームだと感じます。とはいえ、浴衣はまだ「真夏のもの」と考える人、「浴衣で昼日なか街を歩くなんて……」と、眉をひそめる方もいらっしゃることでしょう。そう思われないよう、季節感や気温、出かけ先に合わせ、浴衣のチョイスと着こなしを考えます。

5月 気温が上がる

二十四節気　立夏　小満

暦の上では毎年5月5日、6日ごろが「立夏」です。大型連休のさなかでぐっと気温が上がるのもこのころ。松煙染めや奥州小紋などの紬風浴衣の出番がやってきます。半衿を入れ、足袋に草履、しっかりした生地の帯を結んで、朝夕は薄いストールを羽織ります。

6月 梅雨入り

芒種　夏至

蒸し暑かったり肌寒かったり、雨の日が増えて前半には梅雨入りが発表されます。雨が降るときものを諦める人が多いのですが、浴衣なら濡れても平気。特に速乾性ポリエステル素材の浴衣は、梅雨どきの体感に心地よく、浴衣に見えないドレスっぽさもあり重宝です。

7月 梅雨明け

小暑　大暑

7日の七夕あたりから夏日が増え、半ばには梅雨明けを迎えます。東京では朝顔まつりやほおずき市、隅田川の花火大会。京都では祇園祭が開催され、いよいよ浴衣を浴衣らしく着るシーズン到来。絞りや注染染めのコーマ浴衣を素肌に着て、夏気分を満喫します。

8月 猛暑日続く 納涼シーズン

立秋　処暑

最高気温35度以上の猛暑日のニュースが続く8月。猛烈な暑さにうんざりしますが、そんなときこそ浴衣を。カップルで、家族で、涼しげな柄の白地や藍地の浴衣を着て、夕涼みや盆踊り、花火大会や納涼会に出かけるのは、この時期ならではの楽しみです。

9月 暑さがやわらぐ

白露　秋分

9日に重陽の節句、20日ごろからお彼岸に入り、秋分の日を迎えます。30度越えの日もありますが、半ばには暑さも峠を越えます。重陽を過ぎたら紬風の浴衣に戻し、秋を意識した装いで。秋の草花の柄や茶系などの落ち着いた色を入れましょう。

松煙染め浴衣は、紬のような味わいのある木綿の織りです。帯は紅型作家・縄トモコさんにオーダーしたパピルス柄。沖縄でお目にかかってご相談、生地は置賜紬を選びました。半衿は楊柳素材、帯揚げは絽。帯締めは杜若色を選び、水辺のパピルスと呼応させて季節感を演出。

5月

黄金週間に始まる美しい月、松煙染めをきもの風に

暦の上では立夏を迎え、太陽は光り輝き、日によっては汗ばむほど。単衣（裏地なし）のきものを着はじめるのはこの時期。そして、紬のようなしっかりした風合いの浴衣も解禁します。燻した松の根からつくられる染料を使った松煙染め浴衣は、グレーの落ち着いた色がおとなっぽく、私のレパートリーのなかでは単衣のきものと同列の扱いです。

5月は長襦袢を着て、単衣向きの素材の半衿をつけます。半幅帯は通年用の透け感のないものを選び、お太鼓風の帯結びでボリュームを出してみてはどうでしょう？　帯締めや帯揚げをプラスすれば、浴衣のラフな感じを抑えた外出着になります。

この時期のポイントは、全身を

角出しをベースにしたお太鼓風の結びで柄を出して。手先、タレ先の配色がアシンメトリーなのもいいアクセントに。

鏡で見たときに、"薄っぺらく見えない"ということです。どんなに暑くても5月。フォーマルきもののルールではまだ袷（裏地付き）の季節です。浴衣選びも、帯や帯結びにも、軽やかだけれど少し重みがほしいところ。"重め"を意識した上で、爽やかな色や初夏らしい明るい柄を取り入れたら、いっそうおしゃれに見えます。

これまで何度もこのシーズンに浴衣を着てきましたが、色調抑えめの松煙染めはとりわけ程合いがよく、風薫る季節の常連になりました。

「竺仙」の松煙染め浴衣は友人のもの。染料に顔料を混ぜたきれいな青、柔らかな曲線で描かれた蘭の柄が5月にも似合います。半幅帯は、京都寺町「ギャラリー啓」で見つけました。大正時代の男物のきものからリメイクしたもので、絹と麻の混紡。紺色のごま柄帯締めは「道明」。

6月

濡れても平気な®セオアルファは、梅雨どきのお出かけに活躍

吸水速乾性に優れた清涼感のあるポリエステル素材、セオアルファの浴衣は、雨天や天気が心配な日の強い味方。綿や麻の涼しさとは異なるサラサラした感触が特徴で、シルキーな落ち感もきれいです。梅雨明け前の浴衣にはまだ半衿を入れ、足袋をはいて。帯や小物にクールな色を使い、湿度低めに見えるよう心がけています。

墨絵のような向日葵が描かれたセオアルファ浴衣は、モデルの雅姫さんがプロデュースした「つやび」の1枚。更紗柄と無地のリバーシブル帯は「月日荘」で。ミントグリーンを表にし、「江戸組紐中村正」のレモン色の帯締めでシャーベットトーンに。足先が濡れないように下駄には爪革を。

セオアルファ浴衣は、真夏にも着られますが、旬のシーズンは6月ごろかもしれません。生地はソフトな膨らみとドレープ性があり、しっとりさらり。その風合いはむしろ初夏と盛夏のあわいにぴったりなのです。

左ページの紅型の更紗柄をプリントしたセオアルファ浴衣は、きもの愛好家の先輩のものですが、「私は半衿をつけ、ちょっといい帯をして夏小紋のように着て、5月6月の気楽な集まりに出かけるんですよ」とおっしゃいます。伝統工芸の名品の数々をお持ちの先輩ですが、それはそれ、これはこれ。新合繊も便利に活用されています。

梅雨どきは蒸し暑かったり肌寒かったり、洋服でも着るものが難しいのですが、下に着る襦袢で温度調整ができ、汗をかいても雨に濡れてもすぐに乾く機能素材はなかなかの優れもの。天気が不安定な夏の旅にも、この1枚があれば心丈夫です。

きものの著書がきっかけで文通している方からお借りしたセオアルファ浴衣は、紅型作家・hisamiさんのブランド「BLANCJUJU」のもの。帯はベトナムを旅したとき、ハノイの藍染めショップで見つけたムン族の布で制作。色止めを施し裏地をつけ、短めに仕立てました。

7月

本格的な夏の到来を、
絞りの浴衣で出迎えて

さあ、梅雨が明けて浴衣を浴衣らしく着たい盛夏が訪れました。いよいよ半衿なしで素肌にさっぱりまといます。この開放感こそが浴衣の真骨頂。

特に、糸で布を括ったり、巻いたりした絞りの浴衣はしぼの凹凸が肌に貼りつかず、軽くてふんわり。細かな絞りを施すため薄い生地を使用しているので、まるでガーゼに包まれているかのよう。やさしい着心地の虜になってしまいます。

絞りにはさまざまな技法があり、柄の出し方や色が豊富なのも魅力。シックな藍染め、パキッとした原色使い、パステルカラーのグラデーション……。P29で着ている雪花絞りは、綿麻のシャリっとした生地に板締めで染め出された雪の

ふわっとした着心地のオレンジの有松絞り、このリサイクルの落葉柄はネットで入手。色味が派手だったので、ベージュの染料を使い自分で染め直しました（P117参照）。帯は芭蕉糸で編まれた「誉田屋源兵衛」のもの。ざっくりした風合いを生かし、シンプルなかるた結びのアレンジで。

紫の雪花絞りの華やかさと、備長炭入り綿麻という清涼感のある生地に惹かれた「藤井絞」の浴衣。帯は博多織の小袋を角出し風に結び、琉球硝子のとんぼ玉を効かせて。「神田胡蝶」の高右近はハイヒール的おしゃれ下駄、琉球絣の鼻緒をつけました。手編みバッグは「ユナヒカ」、傘は久留米絣。

結晶のような紫色の模様が鮮やかです。

そして素肌に着る絞りは、女の人をいくぶん色っぽく見せるような気がします。

それを感じたのは、昨年の浴衣納涼会でのこと。近所の呉服店が声をかけ、友人知人たち12人がビアガーデンに集いました。綿絽、綿紅梅、綿コーマ、絞り、さまざまな浴衣姿が揃いましたが、友人が着ているパープルの絞りが本人のフェミニンな雰囲気に似合って、とても優雅に見えました。絞りは5人ほどでしたが、みなさんやさしい着姿で、絞りの持つ女子力にハッとしたのです。

常々思うことですが、髪を茶色く染めた方は藍染め浴衣もいいですが、きれいな色や明るい色相のものが似合うように感じます。ピンク、パープル、水色、黄色、ベージュや淡いグレーベースのものなどをふんわり着て、髪もちょっとルーズに結ってみてはどうでしょう？　若い女性たちの浴衣姿を見ていても同じように思います。洋服を選ぶように、カラーバリエーションを楽しめるのも絞りならではです。

淡いパープルの有松絞りと半幅帯は友人のもの。ビアガーデンでの納涼会で会ったとき、色白の肌と華やかなメーク、明るい茶色に染めた髪の色に似合っているなあと見惚れました。はっきりした色の帯も合いますが、同系のグラデーションで品よくまとめるのも素敵です。

萩を染めた綿コーマは繰り返し染められている定番柄。麻の小千谷縮の兵児帯とともに「竺仙」で。柄の大きさ、色合い、白地の分量、好きな植物などからピンときたものを選びました。西瓜も好きですが、夕方早めに仕事を切り上げ、浴衣に着替えていただく枝豆とビールは格別です。

8月

昔ながらの日本の夏に、注染と兵児帯でリラックス

花火大会に盆踊り、8月はお盆休みシーズンを迎え、各地で夏のイベントも目白押し。久しぶりに帰省して、田舎でのんびり過ごす方も多いことでしょう。

そんな夏の終盤は、老若男女誰もに似合う、昔ながらの注染染めの綿コーマが着たくなります。お父さんは粋な格子、お母さんは秋の草花、子どもたちは朝顔や金魚の柄などを着て、お祭りに出かける様子を見ていると「日本の夏っていいなあ」とつくづく思います。風物詩としての浴衣、失いたくない景色です。

白地に型をのせ糊で防染し、染料を注いで柄を染め上げるキリッとした注染は、夏の夜に鮮やかに映える王道浴衣。気楽な兵児帯もお盆ならではです。

注染は柄が命。基本は白地に藍の柄、あるいは藍地に白の柄。色数を抑えたさっぱりした浴衣が目に涼やかに映ります。

乱菊、桔梗、萩、撫子、蜻蛉、流水に朝顔、柳に燕、水辺の千鳥、露芝に蛍といった動植物の柄。雪輪や福良雀といった吉祥文、縞や格子などの幾何学柄。さまざまな模様が描かれたシンプルな浴衣、特に「竺仙」の注染は”粋ひとがら“という美意識から生まれる意匠と染めの深さで魅了します。

以前、私が属する俳句の会で、五代目当主・小川文男さんにお話いただいたことがあります。「浴衣は柄と柄の”間“が生きているかが大切。想像できる線はあえて描きません。無駄を省くのが江戸の粋、そして竺仙の粋です」と、俳句にも通じるその引き算の表現の美学を語ってくださいました。

それに倣って、注染は着こなしも削ぎ落としていくほうが似合います。お化粧や髪型も盛らずにすっきり最小限、素肌に短めに着付け、無地の小千谷縮の兵児帯を巻いてみます。気分は縁側での夕涼みでしょうか。素足に下駄は年齢とともにちょっと控えようかとも思いますが、こういうときは足袋をはくほうが無粋というもの。お手入れしてペディキュアで楽しみましょう。

今回着付けをしてくれた森由香利さんの綿コーマと麻の小千谷縮の兵児帯も「竺仙」のもの。愛らしい紫陽花は古型から図案をとって彫り直した型紙を使用。濃い紺色は今では少なくなりつつあるバット染料を使っています。伝統の力を感じる白地に濃紺の、浴衣らしい浴衣。若々しくも落ち着いた雰囲気にも着られます。

２枚目となる奥州小紋は菊柄を選びました。これなら９月にも似合います。帯は西川はるえさんによる「日暮れの頃やんばる」。帯留めは満月に瑞雲がかかるモチーフで「T.O.D」にオーダーしたもの。お月見の季節にぴったりです。

9月

秋の色と柄を意識して、奥州小紋でしっとりと

重陽を過ぎると、日に日に秋の気配が濃くなっていきます。９月はどんなに暑くても夏の気分を引きずらず、透け感のあるもの、絞りや綿コーマは封印。奥州小紋や松煙染めなどのしっかりした浴衣を選び、半衿を入れて秋単衣風の着こなしを。５月と同じ浴衣を着るとしても、こっくりした色合いの帯を結んだり、小物に秋のモチーフを入れたりすることで、季節に合った装いができます。

私は桐の葉柄の奥州小紋（P67）で浴衣をはじめましたが、10年を経て少し休ませたいと思い、昨年2枚目を新調しました。これは菊の柄を引き染めしたものです。夕暮れの色をイメージした帯に、お月さまと瑞雲の帯留めを合わせ、秋の気分を出してみました。

秋彼岸を目安に、浴衣納めをしましょう

こちらの浴衣は松煙染めです。小花ちらしのマゼンダ色はいつの季節にも合いますが、落ち着いた紫系の紅型帯を結び、単衣として着れば秋も活用できます。

浴衣も含めた和装は不思議なもので、季節を先取りして着る分には違和感がないのに、遅れるとちょっと裏ぶれて見えてしまいます。私は「ルールより体感を重視して着ましょう」と常日ごろ話していますが、「季節感を無視しましょう」とは決して言いません。明らかな薄物と軽い浴衣は重陽まで、このような重めの浴衣も秋彼岸までと決めています。暑さ寒さも彼岸まで。9月23日ごろが秋分ですから、温暖化が進んでいるとはいえ、このあたりで着納めるのが常識的かなと思います。

小花ちらしの「竺仙」の松煙染め浴衣は、ピンクが似合う同世代の友人のもの。この１枚がきっかけで彼女もどっぷりきものにはまりました。私の奥州小紋と同じ道です。帯は紅型の半幅帯で通年用のもの。この浴衣にはこっくりした茶の名古屋帯もよく合います。

TPO別着こなしのすすめ

半衿の有無、帯選びや足もとをどうするかなどで、浴衣は着こなしのバリエーションがつけやすく、意外に変幻自在。Tシャツ＋デニム的な普段着もあれば、ドレッシーなワンピースに負けないおしゃれ着にもなる――それが現代の浴衣スタイルです。

ここではイベントや出かけ先による3段階のコーディネートをお見せします。「これぞ浴衣！」もあれば「きもののような着こなし」も。盆踊りからホテルでの食事まで、いまやその守備範囲は広がっています。

STEP 1
スタンダード

素肌にまとい、裸足に下駄で。「日本の夏」といえば、誰もが思い浮かべるオーソドックスなスタイル

・盆踊りや花火大会、屋形船
・徒歩圏内の気楽なお出かけ
・温泉街でのくつろぎ着
・家のなかで湯上がりとして

STEP 2
カジュアル

ちょっとおしゃれして出かけるときは、洋服感覚のコーディネートで。都会的で洗練された街着スタイル

・友人とのランチやお茶
・展覧会や映画、買い物
・ビストロでの食事
・和のお稽古ごと

STEP 3
ドレスアップ

名古屋帯を締めて夏きもの風の装いも可能。本格的な帯揚げ帯締めを使って、浴衣を超えたおめかしスタイル

・観劇やコンサート
・ホテルやレストランでの会食
・カジュアルなパーティー
・きものの方とご一緒のとき

STEP 1
スタンダード

コーディネート　浴衣 ＋ 半衿なし ＋ 半幅帯 ＋ 素足 ＋ 下駄

無礼講でいく納涼会は、清潔感を大事にすっきりと

お祭り、花火大会、屋形船……夏の夜の祝祭的なお出かけには、浴衣と帯だけのシンプルな着こなし、素足に下駄が気分です。着飾るよりは、すっきりと浴衣の開放感を味わいましょう。大事なのは清潔感。洗い立ての浴衣を衿もとは詰め気味に着付け、だらしなく見えないようにします。下駄ははき慣れて、素足でも痛くならないものを準備して。

町内会のお祭りや盆踊りには、昔ながらの浴衣と帯、団扇を背中に差して手ぶらで出かけます。濃紺の地に舟柄の仕立て上がり浴衣は、サイズがちょうどよく柄も好みだったので即決。帯は葵の柄が刺繍された340cm足らずの昔の長さです。購入時期は違いますが、どちらも「メルカリ」で。合わせて5,000円でお釣りがくる金額でした。特別なものではないけれど、その何でもなさが逆に好ましく思えることもあります。短い帯は男結びでキリッと、素足に赤い下駄をはいて出かけます。

家や旅館でくつろぐなら、湯上がり的な普段着で

特に何かあるわけじゃなくても、夏は浴衣に着替えて過ごすだけでいつもと違うリラックス感が味わえます。お盆の帰省や旅行の予定があれば、バッグに1セット入れていくのはどうでしょう？

旅館には湯上がりが備えられていますが、私は着慣れた自分のものを持参します。マイサイズ浴衣と結び慣れた帯で、夏の休暇はより楽しく思い出深く。

紅梅風の綿に銀杏落葉が染められた浴衣は、昔のご家庭から放出された昭和のもの。「あら船」のリサイクルの棚から掘り出した美品で、少し大きかったので身幅と裄を直しました。地色、染め色、柄の大きさ、紅梅風の感触、今ではなかなか見つからないタイプで、嫌味がありません。帯は博多織の「西村織物」の工場を訪ねたときに見つけたもの。薄くて軽い、張りのある紗を貝の口に結びました。夕涼みや庭先での花火、旅先でのひととき、そんな夏のリラックスタイムにささっと着ています。

STEP 2
カジュアル

コーディネート 浴衣 ＋ 半衿 ＋ 半幅帯 ＋ 三分紐 ＋ 帯留め ＋ 足袋 ＋ 下駄 か 草履

洋服の友だちと会う日は、ワンピース感覚の色と柄で

昼間の時間帯にデパートへ買い物に出かける、あるいは洋装の友だちと会う。そんなときにあまりに浴衣然とした姿では場にそぐわないこともあります。なるべく街に似合う現代的な色柄の浴衣を選び、おしゃれなアクセサリーをつけるような気持ちで帯留めを飾りましょう。半衿をつけ足袋をはき、少し高さのある履き物で、足もとにもお出かけ感を。

シャキッとした風合いの綿麻の変わり生地に、紺色の点々が水玉のように見える浴衣は「丸久商店」で。黄色い植物柄と黒のリバーシブルの半幅帯は「紺仁」のもの。帯の色に馴染ませるように黒に金彩があしらわれた小川郁子さんの切子の帯留めを飾りました。三分紐と「ユナヒカ」のモチーフ編み巾着バッグも黒にして、街の風景に溶け込むように装います。ランチやお茶をしたり、買い物に出かける日は、シャープでモダンなテイストを加味し、洋服をコーディネートする感覚で。

トリコロールの上質着こなし、レストランでも堂々と

細かな柄を両面に染めた綿絽の長板中形に、ロートン織の半幅帯、瑪瑙の帯留めと三分紐。どれもとても手がかかった伝統工芸のアイテムです。このくらいの繊細さがあると、浴衣とはいえおめかしした印象に。カジュアルだけれど上質というのは、いまの時代いちばん出番が多いスタイルかもしれません。紺、白、赤のトラッドな配色も、都会的な場所に似合います。

いまはつくられていない「島田染工場」の長板中形は年代を経たもので、知人からのお下がり。綿絽素材で涼しく柄も細かく優雅です。帯は山下健さんによるロートン織、絹の光沢と軽さ、緻密な織りが美しい半幅。「シルクラブ」で見つけ、1年を通して愛用。オーバル型の瑪瑙は「銀座もとじ」、三分紐は「道明」で。おとなっぽい落ち着いた赤はいいアクセントになります。レストランでの食事、展覧会や展示会、カジュアルな場面から少しエレガントに見せたいシーンまで、幅広く対応してくれるコーディネートです。

STEP 3
ドレスアップ

コーディネート　浴衣 ＋ 半衿 ＋ 名古屋帯 ＋ 帯揚げ ＋ 帯締め ＋ 足袋 ＋ 草履

コンサートホールへは、名古屋帯を締めて

コンサートや観劇へ出かけるときは、きれいな浴衣に名古屋帯を締めて、「ちゃんとおめかししました」という雰囲気を出します。夏用の帯揚げ帯締めをして、帯は銀座結びにしてはどうでしょう？

帯枕を使わないのでお太鼓より涼しく過ごせて見た目にも軽やかです。浴衣以上、夏きもの未満の、肩ひじ張らないよそゆき感は、それだけで着慣れて見えます。

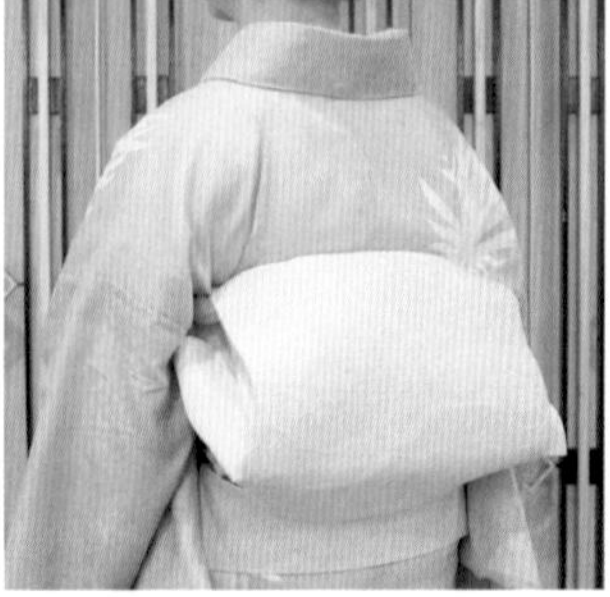

「月照乱華」と名づけられた浴衣は「誉田屋源兵衛」のもの。大胆な意匠やモダンな色使いを得意とするこのブランドの浴衣は、名古屋帯もよくマッチします。帯は絽つづれの八寸で、最近は銀座結び専用にしています。輪出し模様の帯揚げは友人からのプレゼント、帯締めは涼しげなレース編み。全体的に白っぽくまとめると、それだけでドレスアップ感が増すもの。ぼんやりしないよう部分的に色を効かせてみました。

薄くて軽く、透け感が美しい絹紅梅は、菊地信子さんが愛した昭和中ごろの「竺仙」。白い海島綿の長襦袢の上に着て、繊細な秋草柄を浮き上がらせてみました。手描き友禅の青芭蕉の名古屋帯でキリッと。

コラム

最初の1枚を選ぶなら

「おとなになってからの浴衣に、何を選べばいいでしょう？」と、よく聞かれます。

せっかくなら長く着られるものが欲しい。レストランでの食事に臆せず出かけたい。女子会に着ていきたい……。

浴衣のお見立て会を通し、そんな要望が多いと感じました。

おとなの浴衣は10年楽しめるものをじっくり選んで。そのための心づもりを考えてみました。

ポイント1 いつ？どんな機会に？メインのシーンを思い描きましょう

真夏に涼しく着たいのか、もう少し長い期間、きもの感覚でも着たいのか。着る時期と期間を考えておきましょう。そして、主なイベントがあればそれも想定に入れます。家族とのお出かけ、レストランでの女子会、納涼イベントなど。そうすると、自分の目的に合った浴衣の範囲が自ずと決まってきます。

ポイント2 色の構成は少なめ、古典柄が飽きません

白地や藍地にさりげない柄、差し色が入ってもプラス1色。地の色を含め、3色までに抑えた浴衣がおすすめです。色数を感じさせないほうが涼しげで、おとなっぽく見えます。

モード感のある斬新な柄は目を引きますが、1枚目はオーソドックスな古典柄が安心だし飽きません。やはり長い年月愛されてきた動植物や縁起もの、古典文様はそれだけで浴衣を浴衣らしく見せてくれます。

ポイント
3 できれば自分サイズに仕立てましょう

仕立て上がりのM寸やL寸がピッタリで、好みもバッチリならよいのですが、そういうことは滅多にありません。できれば、お気に入りの色柄を選び、採寸して仕立ててもらいましょう。よく反物を広げて見て決める方がいますが、必ず体に当てて鏡で見てください。平置きとまとうのでは印象が違います。浴衣は意外に着付けの融通が効かないもの。その点自分サイズなら、着付けもラク、着姿もきれい、着心地も申し分ありません。

ポイント
4 仕立てに関して、細かな相談に乗ってもらえる店で

仕立てるとき、衿をどうするか聞かれます。半衿を入れないスタンダードな着方がメインならバチ衿、半衿を入れてきもの風に着たいなら広衿というのが一般的なオーダーの仕方です。また、自分で手洗いしたいと伝えると、仕立て前に生地を水通ししてくれたり、縮むことを想定して身丈を長めに仕立ててくれたりということもあります。そのような相談に親身に乗ってくれるお店で購入することも大切です。

ポイント
5 浴衣選びは5月が最適、直前では間に合わないことも

7月に入ると、「来週着たい」「来月着たい」というお客様がお見えになるそうです。盛夏を迎えると在庫も少なくなり、好みのものが選べなくなります。また、仕立ても混んで1か月程度かかり、着用予定の日に間に合わなくなることも。

そうならないためにも、できれば余裕をみて5月のうちに、遅くとも6月には浴衣を決めて仕立て、着る前にコーディネートを考えて着付けの練習をしておきたいものです。

飽きがこない奥州小紋、いずれはきものの風に

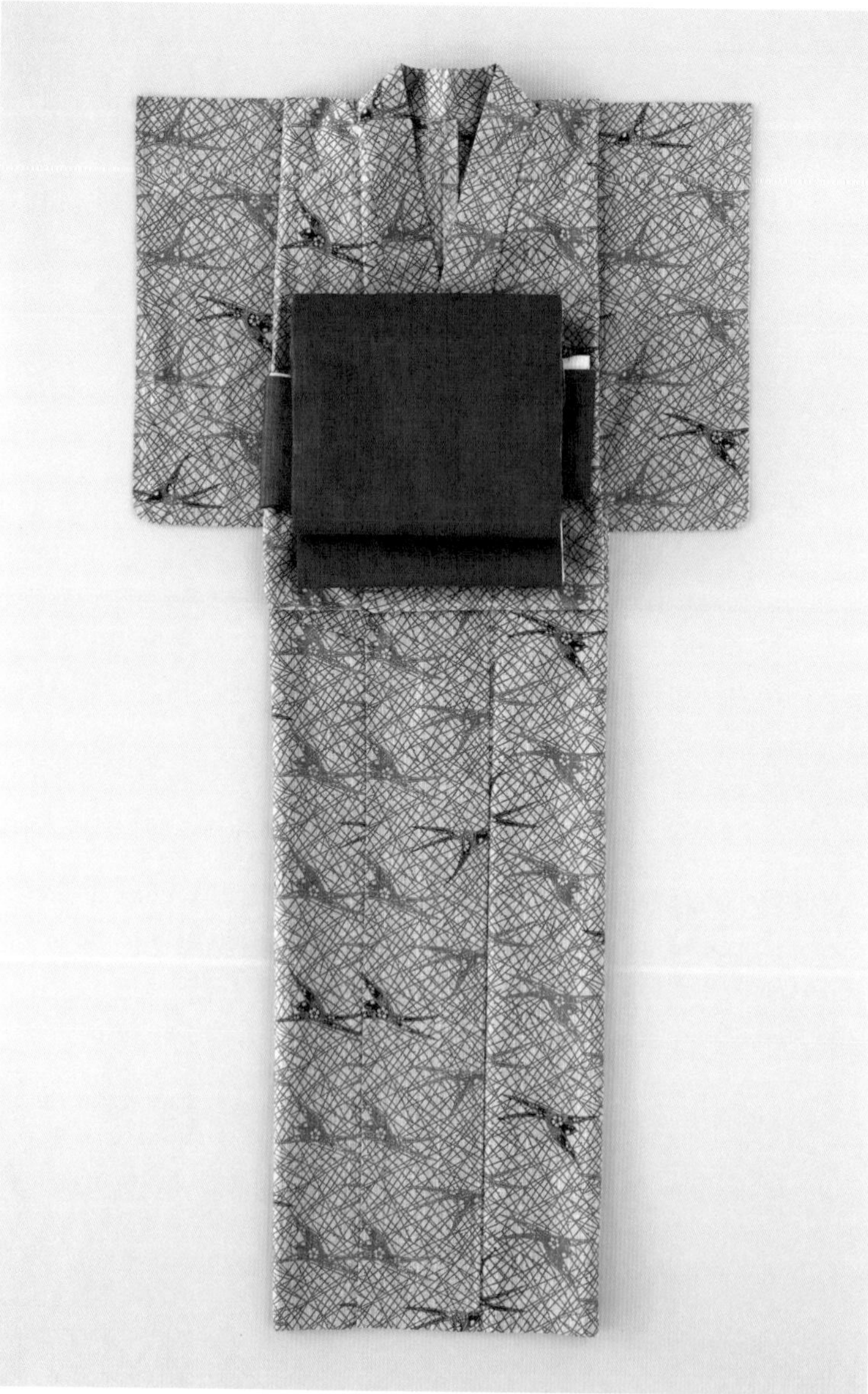

紬のような風合いが特徴の奥州小紋は、私も最初の1枚として選び今も愛用中。芽柳につばめの柄は5月から着られます。いずれはこんな麻の名古屋帯を合わせ、きもの風の着こなしにもトライ。（竺仙）

白地に菊、涼やかな綿絽でおとなの夏支度

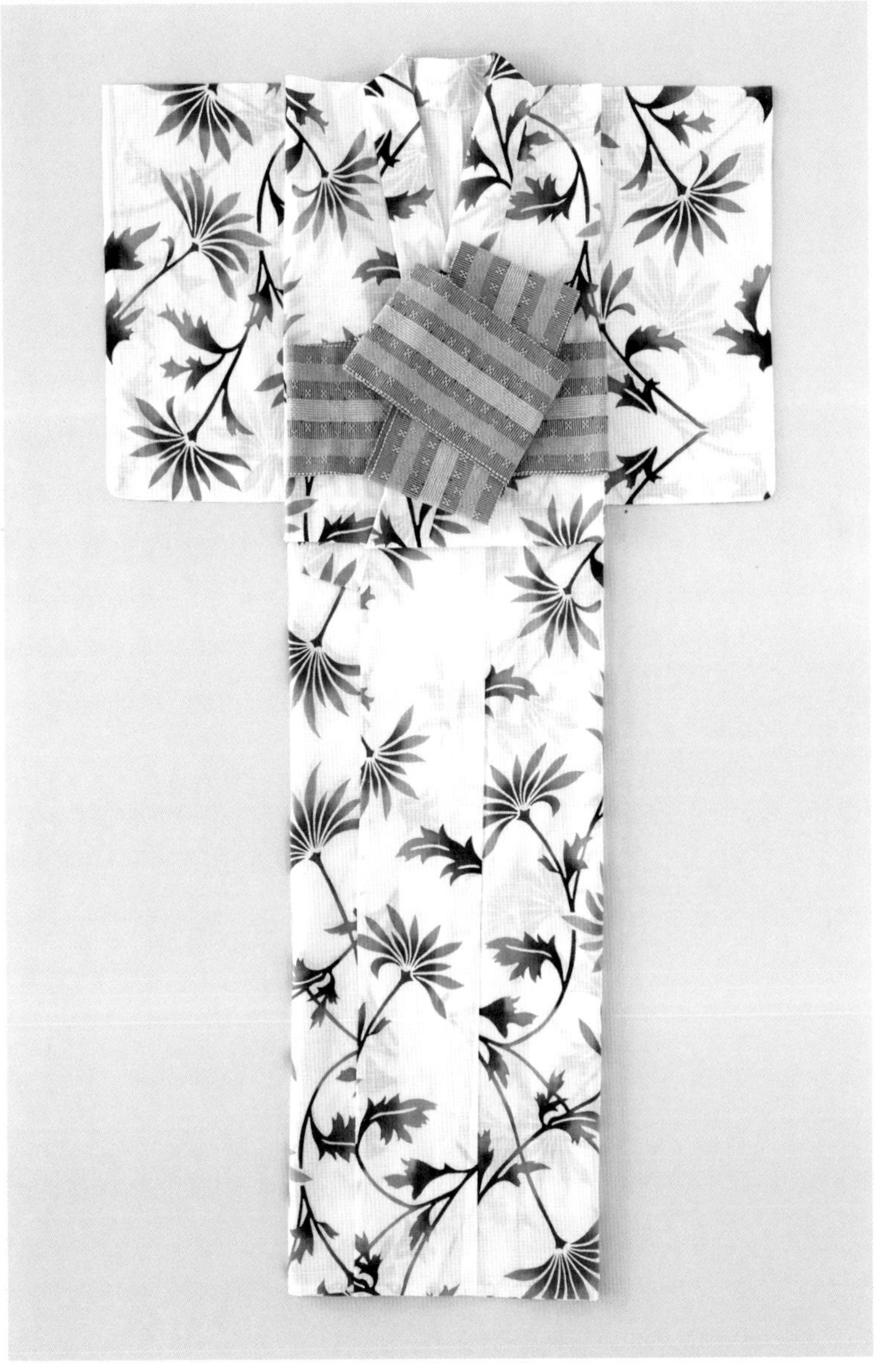

綿絽は真夏でも涼しく着られる上質な定番浴衣。白地にブルーとパープルの楚々とした菊柄が品よく、同系のロートン花織（沖縄の染織）の半幅帯でトーンを合わせると、さらに涼感が増します。（竺仙）

可愛い色もおすすめ、ピンクの地に牡丹柄

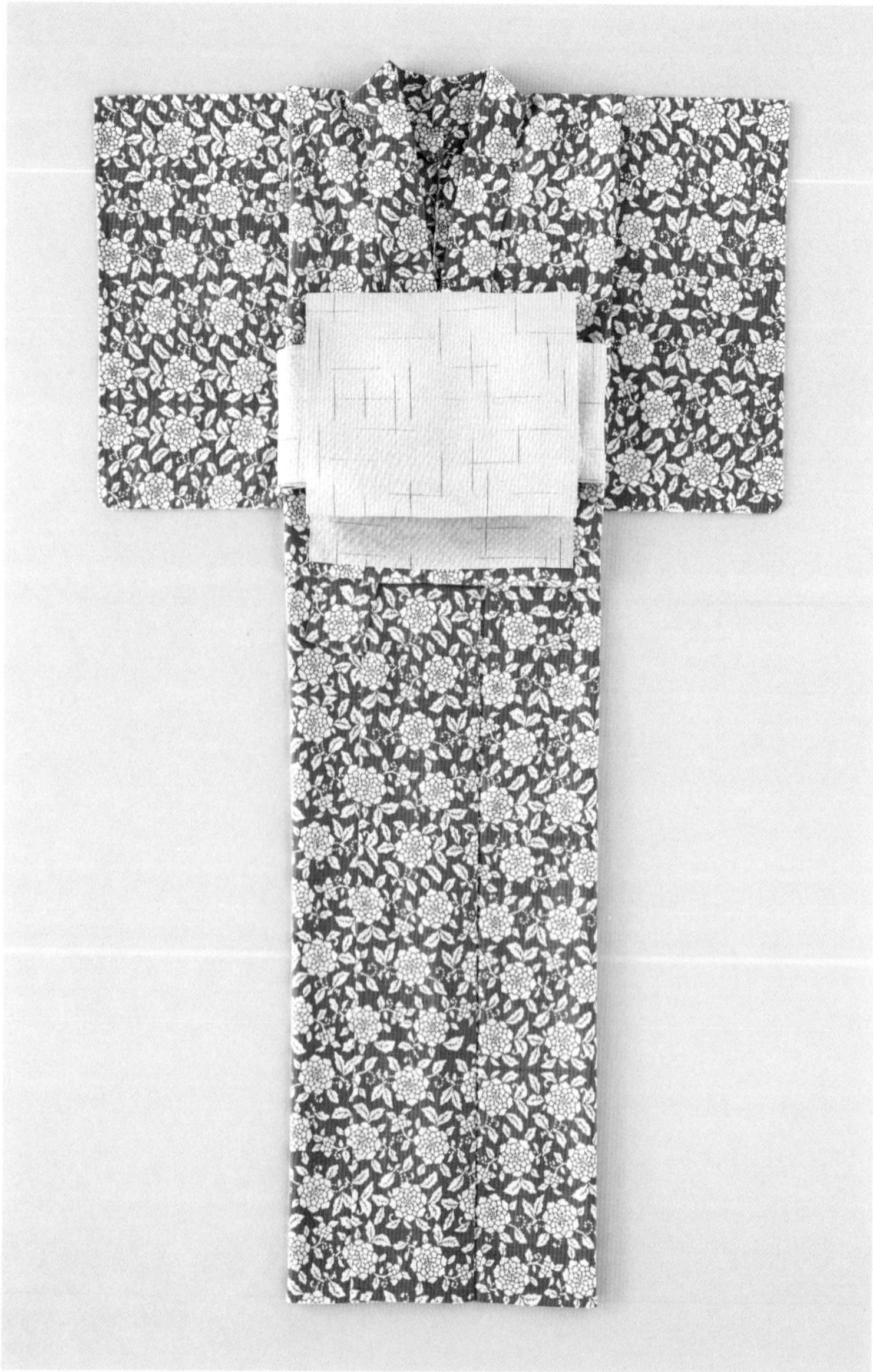

ニュアンスのある牡丹が並んだ藤色がかったピンクの綿絽浴衣は、可愛い色がお好きな方に。おとなのピンクはそれだけで気持ちが上がります。生成りの麻帯などでシンプルに装って。（丸久商店）

ワンピース感覚で着る、おしゃれモノトーン

洋服の延長線上で着たいのなら、こんなモノトーンはいかが？　ぶどうと蝶の柄は、古典的でありながらどこか洋の雰囲気も。黒い麻の兵児帯でワントーンにするのもおしゃれです。（丸久商店）

キリッとした濃紺と白、モダンな有松絞り

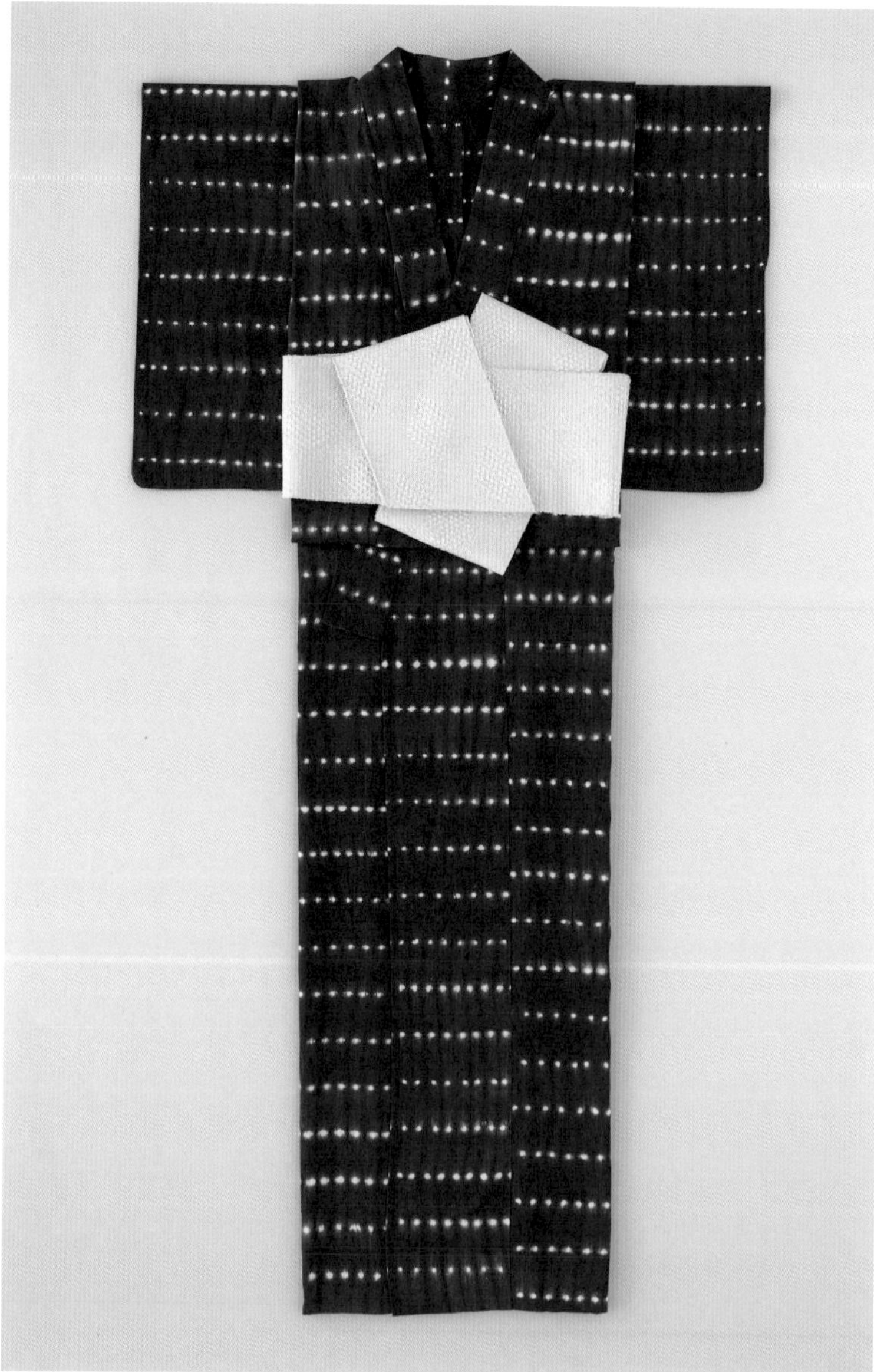

ネイビーの染めに、蛍絞りによって白く浮かぶドットがきれい。和洋を問わず好感度の高い色と柄は、日常とかけ離れない安心感があります。桐生で織られた四寸帯を合わせすっきりカッコよく。(THE YARD)

伊勢型の生成りは万能、帯次第でさまざまに

晩春から着られる伊勢型木綿は、季節に合わせた帯合わせで、マニッシュにもガーリーにも。こんなブルー系はもちろん、赤や黄色の半幅帯、シックな名古屋帯できもの風も似合います。(THE YARD)

浴衣の知識

この本で出てくる浴衣や帯の種類、よく使う用語について解説します。

浴衣の種類と染めの用語

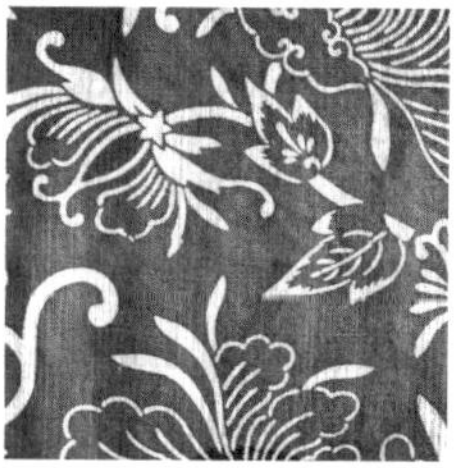

奥州小紋

手織り紬のような風合いのある綿に、柄を刷毛で引き染めたおしゃれ着で「竺仙」オリジナル。透け感のない生地なので、単衣きものとしても着られる（P37、67で着用）。

松煙染め

松の根を燻した煤を膠で練り、豆汁に溶いて刷毛で引き染めたもの。顔料を混ぜることも。風合いのある綿生地が多く、単衣きものとしても着られる（P19で着用）。

綿絽

綿糸で織った夏用の絽の生地。「絽目」と呼ばれるレース状の隙間があるので涼しい（P49で着用）。

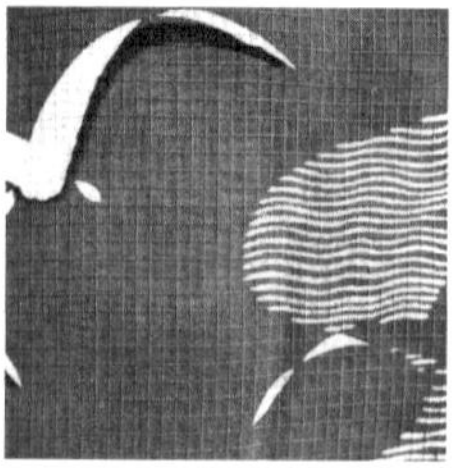

綿紅梅

細い綿糸の織りに太い綿糸を格子状に織り込み、凹凸を出したシャリ感のある生地。肌に貼りつかず、清涼感がある（P77で着用）。

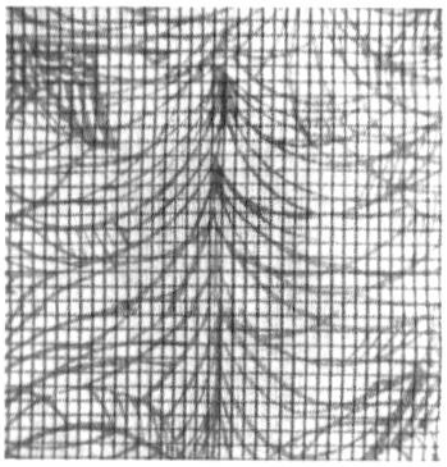

絹紅梅

絹糸の織りに太い綿糸を格子状に織り込み、凹凸を出した生地。透け感が美しく、夏きものとしても着られる（P52で着用）。

綿コーマ

精練によって短い繊維を落とし、長くスムースな綿糸を平織りした生地。ツルッとした生地で浴衣に適している（P33他で着用）。

セオアルファ®

「東レ」が開発したポリエステル素材の新合繊。ソフトな膨らみとドレープ性がある上に、高い吸水性とドライ感に優れ、浴衣地としても人気（P23で着用）。

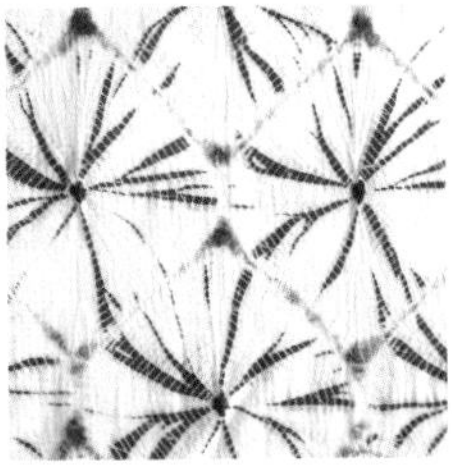

有松・鳴海絞り

名古屋市の有松・鳴海地区で生産される絞り染め。江戸初期からつくられ、尾張藩によって保護発展した。縫い絞り、巻き絞りなど、その技法は多数（P71、74、75で着用）。

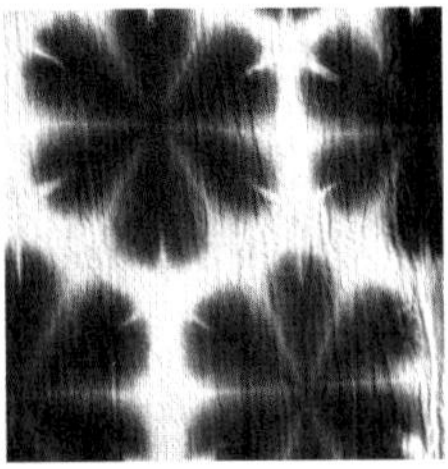

雪花絞り

絞り染めのひとつ。布を三角や四角に折り畳み、板で挟んで部分的に染織する技法。有松・鳴海以外でも染められ、華やかな柄は浴衣の定番に（P29で着用）。

長板中形

江戸時代から続く高度な両面染めの技法。表裏ぴったり合った柄が本藍でくっきり染め上げられる。中形は小紋より大きめの浴衣柄の意味（P81〜83で着用）。

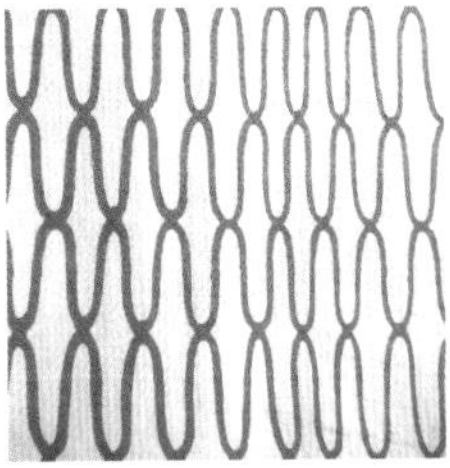

注染

最も一般的な浴衣の染色法。布を畳みながら型紙を置いて防染糊を施し、重ねた生地に上から染め液を注ぎ、下から吸引して染め出す（P95他で着用）。

帯の種類と用語

半幅帯

明治時代以降の標準的な帯幅が八寸（約30㎝）。その半分の四寸幅（約15㎝）の帯を半幅と呼ぶ。一枚仕立ての半幅帯は夏の普段着や浴衣に最適。

小袋帯

半幅帯のなかでも袋状に仕立てたものが小袋帯。一枚仕立てのものよりよそゆき感が出て、素材によっては夏以外の季節にも結べる。

兵児帯

柔らかい布の両端をかがっただけの軽装帯で、元は男性や子ども用の普段帯だった。今ではオーガンジー素材などの女性用も多く、リボン感覚で華やかに結べるものが主流。

名古屋帯

きものに合わせる最も一般的な女帯で、背中にお太鼓を一重に結ぶ。浴衣に合わせるのなら、絽や紗といった夏用の織り、麻などの植物繊維の帯が似合う。

銀座結び

名古屋帯を使ったカジュアルな結び方。お太鼓に使う帯枕は使用しないので、その分軽やかで涼しい。下にボリュームがあり、小粋な雰囲気に。

手とタレ

帯を巻くときの最初に体に預ける部分が「手」で、その先端を「手先」という。「タレ」はその反対側で、腰の部分につく。その先端を「タレ先」と呼ぶ。

浴衣の仕立てと小物

バチ衿

浴衣や長襦袢に用いられる衿型。衿先に向かって幅が広くなるよう縫われていて、自分で幅を調整できない。バチは三味線のバチの形に由来。

広衿

きものに用いられる一般的な衿型。衿を内側に折って着るので、体型や好みによって幅を調整できる。きもの風に着たいときは広衿に仕立てる人が多い。

半衿

長襦袢や半襦袢の衿の部分にかける布。季節によって半衿の素材は変える。夏は絽や麻などを。汚れ防止のほか、衿もとの装飾にも。

帯締め

帯結びを固定するための紐。季節を問わず使えるが、夏用のものもあり。

三分紐

幅が三分（約1㎝）の平組紐。帯留めに通して、帯締め代わりに使う。

帯留め

帯を飾るアクセサリー。浴衣には明るくて涼しげな素材やモチーフを。裏の金具に三分紐を通して使う。

帯揚げ

名古屋帯をお太鼓にするときに、帯枕にかぶせ、帯の上端に収めて飾る布。夏には絽や麻などの素材を選ぶ。

2章

着れば着るほどわかる職人の心意気、浴衣の矜持

浴衣はもともと湯上がりとして身につける簡素な衣服ですが、染めの技法、型の細かさ、意匠の面白さ、着心地の追求など、その一枚には職人の技が凝縮されています。気軽だけれど侮るべからず。着れば着るほど、「綿の簡単着なのに、こんなところにまでこだわりが」と、驚いたり、感心したりすることが見つかりました。制作の労苦を表に出さず、恬淡としている。そんな浴衣に心意気を感じずにはいられません。

価値観や趣味にも変化が、1枚の浴衣がもたらした悦び

11年が経った初代奥州小紋は桐の葉柄。麻の帯と瑪瑙の帯留め、三分紐も1年目に揃えたもの。京都やハノイ、旅先でも着ました。P68の浴衣と帯は、チューリップ柄の松煙染めと、白地に赤のロートン織。いま30代の彼女が10年後、20年後どんなふうに着こなすのか、とても楽しみ。

取材先の「竺仙」でこの浴衣と出合ったのは、2012年でした。以来、桐の葉柄の奥州小紋に袖を通した回数は60回を超え、少々くたびれてきたかもしれません。でも、そのわずかに褪せた色と柔らかくなった木綿は新品にはないこなれ感があり、いまも現役です。

最初の2年は麻の半幅帯を結び盛夏の浴衣として。その後、半衿を入れたり名古屋帯を合わせたり、単衣風に装うようにもなりました。

浴衣1枚でこんなに高揚するなんて、日本古来の衣服がこんなにモダンなんて！　ラクなパンツスタイルが定番化した生活に、異文化が入ってきたかのような衝撃。50代半ばに差しかかり、おしゃれのときめきを忘れかけていた私にとって、これは事件でした。

やがてきものを着るようになり、お茶や俳句の世界に足を踏み入れて、私の生活はずいぶん変わりました。この浴衣と出合っていなければ、きっとそういう趣味とも無縁な人生を送っていたと思うと、巡り合わせの不思議を感じます。

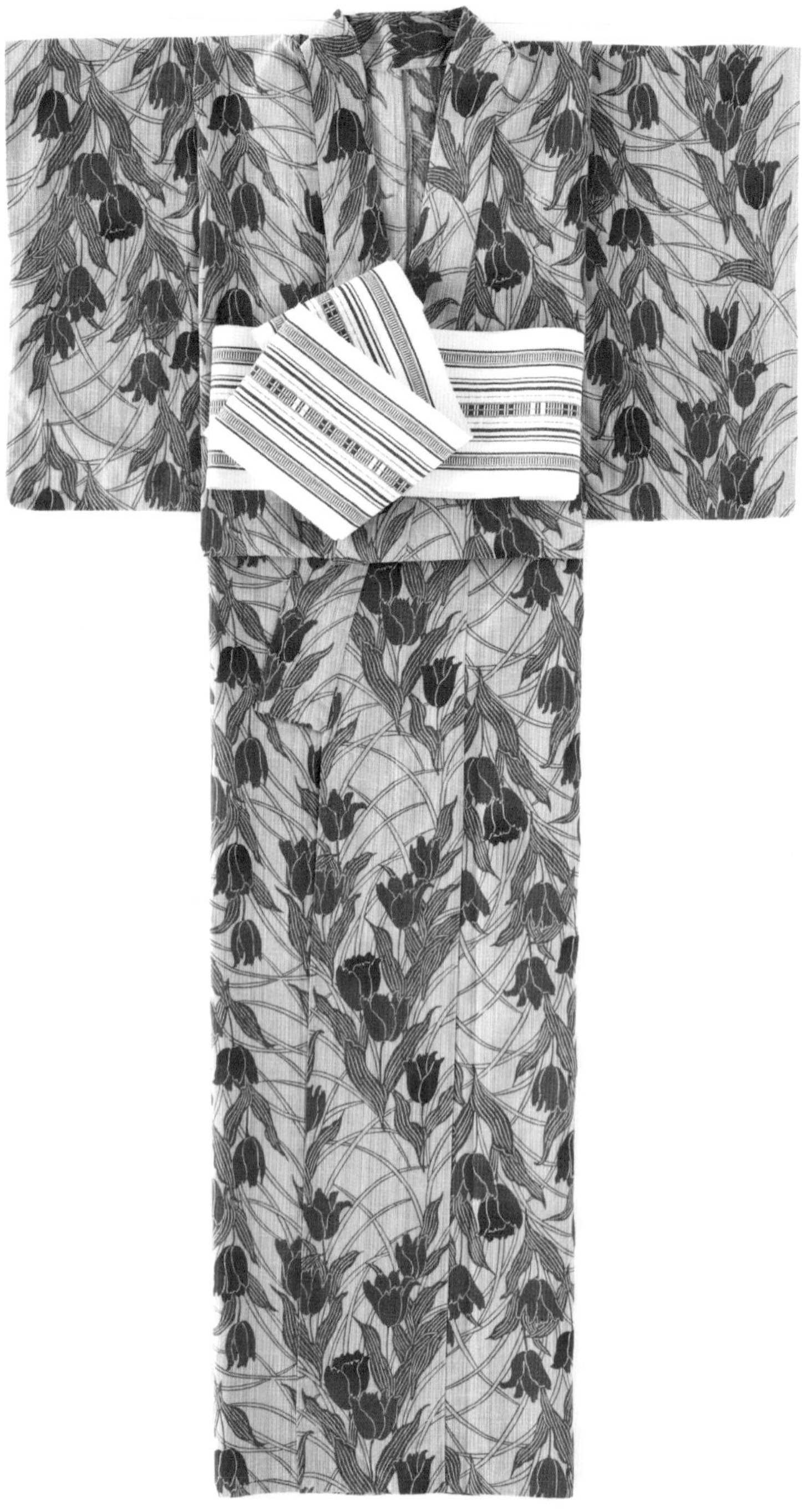

昨年、やはり1枚の浴衣と運命的に出合った人がいます。日々忙しく、責任の大きな専門職についている32歳の女性です。

ある日、浴衣を誂える婚約者に誘われて呉服店を訪ねたとき、ふと目に止まったのがこのチューリップ柄の松煙染めの浴衣でした。

「いままで浴衣もきものも仕立て上がりのものしか見たことがありませんでした。ですから、いくつも積み重なった反物を広げたり、それを肩にかけて当ててみることにワクワクして。そして、そのなかからこれだ、と思えるものに出合えたとき、ご縁を感じました」

と、振り返ります。

初めて着て出かけたときのうれしさ、家族や友だちの「素敵」「すごく似合うね」という反応、今後のコーディネートを思い描く楽しさ……。大好きな1枚と出合ったことが、いろんな部分に影響を及ぼしているといいます。

「まだ着る機会は多くはありませんが、忙殺される日々のなかで、浴衣は女性に戻れる時間を与えてくれたし、人としての引き出しが増えました。浴衣を着ると、所作や姿勢を意識するし、表に見えない無意識の領域も変わるような気がして。浴衣にまつわる時間や空間にも愛おしさを感じています」

と話してくれました。

くたくたになった麻は、極上の着心地。杢目絞りにところどころ花が染め抜かれた藍染めは、洗うたび色が冴えていくように感じます。博多織の半幅帯を男結びにして、家着や気軽なご近所着として活用。数年着ているけれど、まさか昭和20年代につくられたものとは！

有松・鳴海を訪ねて知った、工芸絞りの有機的な揺らぎ

絞りの藍浴衣は、古い麻を1枚持っていました。元の持ち主、昭和を代表するきもの愛好家・菊地信子さんはたいそうお気に入りだったのでしょう。絞りの凹凸はほぼぐれ、麻はくったりし、その着心地は風通しよく、受け継いだ私も毎夏よく着ていました。

ただ「これ以上酷使すると擦り切れてしまうかも」という状態が近づき、次の1枚を手に入れたいと、名古屋市緑区の有松・鳴海地区を訪ねることにしたのです。

趣味のよさ、豊富な知識はもとより、絞り浴衣についても一家言ある名古屋の呉服店「きもの水流」の店主・足立浩一さんが案内役を買ってくださり、2021年の6月、産地訪問が叶いました。

東海道の宿場町の佇まいが伝わる街並みから、旅人がこぞって手拭いや浴衣を求めた江戸時代の様子が想像できます。そんな歴史ある街道に建つ、絞り浴衣製造卸の老舗「近喜」を訪ねました。

括りの作業をしていた4代目・近藤美規子さんの手元には、「白

ゆ

メ」と呼ばれる染める前の白い木綿がありましたが、細かな縫いや括りが施された生地はくねくねして、まるで角が生えた生物のよう。これほどぎゅうぎゅうにされるのかと、びっくりしました。

「縫う、巻く、畳む、挟むなど、いろんな技法があって、その数は百五十種ともいわれました。職人さんも何千人もいたのですが、いまでは40人ほど。絞り浴衣の生産は、現在では98％がアジア各国に依存しています。アジアの人たちは手先が器用ですから、素晴らしく細かな括りをしてくれるんですよ」と、見せていただいた浴衣は、微細な絞りが見事でした。

一方で、昭和30年代の国産の本藍染めの浴衣も拝見。現代のものよりしっかりした生地、括りの大らかさ、藍の色の深さになんともいえない魅力を感じました。

「当時、小帽子絞りの防染は竹の皮を使っていたんですね。昭和40年代以降はそれがビニールに変わりました。そうすると白い模様がよりキッパリと浮かぶのですが、竹の皮による微妙なよろけのようなものが消えてしまいました。また、その時代は本業の農業の傍ら、女性たちが時間を見つけてやる副業という位置づけでしたので、「今日は疲れたなあ」とか、そういう日常生活の波が括りに出ているのも面白くて」と、近藤さんは懐かしそうに笑います。

人も道具も変わっていく。それはいい悪いではなく、絞り浴衣存続のために必要なこと。でも今、すべての工程を国産で通す、工芸染織としての絞り浴衣も密かな人気だとか。「コロナ禍でかえって作業に集中する時間が増えたという方が多く、90歳代の現役職人さんたちも頑張って括ってくれて。1年に数枚でもつくり続けられたらいいなあと思っています」と。

その近藤さんに、私の持参した浴衣を見てもらったところ、「あら、これはうちで昭和20年代につくったものですよ」と、目を細めました。菊地さんが「近喜」のものを長年着て、そうとは知らずに私が受け継いでさらに着て、２枚目の絞り浴衣を探しに出かけたら、そこが「近喜」だったという偶然。何かに導かれたというしかありません。そして、ひと目見て釘付けになった小帽子と三浦の絞りは、「本藍筋竹」と銘をつけていただき、私の元にやってきました。

２０２２年には、「きもの水流」で、手蜘蛛絞りを手に入れました。白場にスッと現れる渋い藍の色に瞠目しました。４００年の歴史を持つ有松・鳴海絞りの原点ともいうべき手蜘蛛絞りですが、「国内生産の工芸染織となると、ひときわ

小帽了絞りは加藤小鈴さん、三浦絞りは服部かねこさん、藍染めは沼津の野口日出さんによる昭和30年代の本藍筋竹。帯は福永世紀子さんの土佐手編。大好きな夏の着こなし。

手蜘蛛ひと筋に括ってきた職人さんの繊細な線の表情に見惚れ、手に入れた白地の絞り。縄トモコさんにオーダーした月桃の紅型半幅帯を合わせて、明るく軽やかなコーディネート。「道明」の青朽葉色の帯締めや北欧のバスケットで、全体を淡いトーンでまとめました。

生産数が少なくて。このような手蜘蛛は、ほぼ二人の女性の手でしかつくれなくなりました。お二人の年齢を考えますと、この先いつまでできるだろうか」と、足立さんは心配しています。なんとか手技が伝承されるといいのですが。

1枚目の杢目絞りの麻、2枚目の本藍筋竹、3枚目の手蜘蛛絞りは、それぞれの着味があり、爽やかさ、快活さ、やさしさなど、まとったときに浮かぶ言葉は違いますが、共通するのは融通無碍な揺らぎです。着る人の波長に浴衣が合わせてくる、そんな有機的な一体感が得られるのが、工芸絞り浴衣の魅力です。

青い空と白い波のバランス、かもめの位置など、柄合わせを入念に打ち合わせした綿紅梅に、黒いロートン織の半幅帯、お茶の先生にいただいた錫の帯留めで、愛犬はなこの散歩。しっかり早足で歩けるように、足もとはJOJOサンダル。綿紅梅は汗をかいても貼りつかず、すぐに乾いて快適。

同じ柄でも1反ごとに少し違い、仕立てで印象も変わります

2021年秋に小倉の「呉服の粋 ふくひろ」で「竺仙」の綿紅梅、「波にかもめ」を見つけました。

これは2016年の作、その年の竺仙のランキングでもトップを争うほどの人気柄。ボイル撚りの糸でシャリ感を出したという生地と独特な藍の色、伸びやかな柄に目を奪われました。秋が終わり冬になり、年が明けても忘れることができず、購入しました。

その直後、毎年1月に開催される「竺仙展」の綿紅梅のコーナーに同じ浴衣が飾られていました。「あれ？ 何かが違う」私が手に入れたものと同じだけれど、反物から醸し出される雰囲気が違うように感じたのです。会場をぐるっと回って戻ってきたときには、もうそれはなくなっていました。すぐに買い手がついたようで、私の直観を確かめることは叶いませんでした。どうしても気になって、担当の方に率直に尋ねてみたところ、私のものと今季のものは染める工場が違うということがわかったのです。

「長年、綿紅梅を手がけてきた染め職人さんが廃業され、新しい職人さんにバトンタッチするにあたり、自分の技術を惜しみなく伝授されました。先輩の手ほどきによって、手はじめに伝統的な柄、人気のある柄を染めた。その作品が今回展示されたんです。糊の硬さ、置き方、染め色の調整など、同じ職人が手掛けても年によって違う、工場が異なればさらに違うんですよ」と教えてくれました。

どちらがいい悪いではなく、人の手が変われば出来上がりも変わる。同じレシピで料理を作っても、調理する人によって味わいが違うのと同じ道理で、だからこそ「この一着」と思えるのです。

その後、仕立て師さんに反物をお渡ししましたが、「あれこれ断ち合わせについて考えてみましたが、ぜひお会いして打ち合わせたい」と連絡がありました。反物をいじりながら、背中心、上前の身頃と衽、左右の衿もとに柄をどう置くかを検討しました。かもめの向き、波と波の合わせ方、色合いの違いで印象が変わります。

「浴衣の仕立て賃はきものよりお安いのですが、実はいちばん頭を使うんです」と仕立て師さん。「何日も柄合わせについて考えていると〝そんなことしてると赤字にな

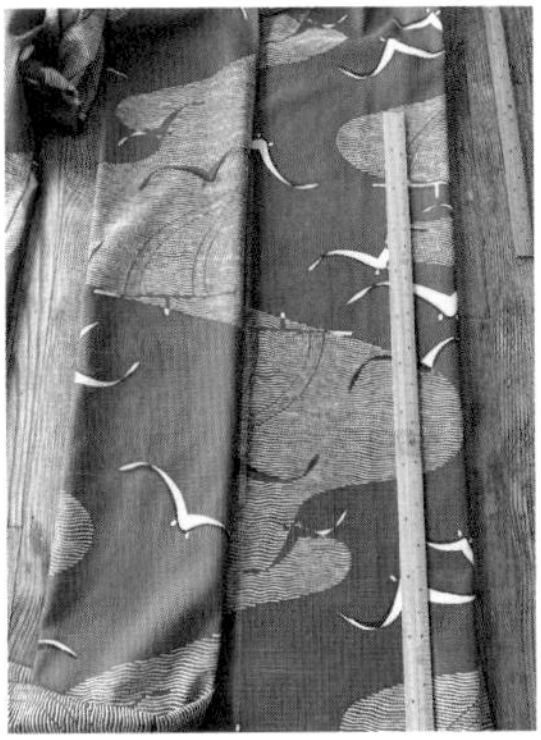
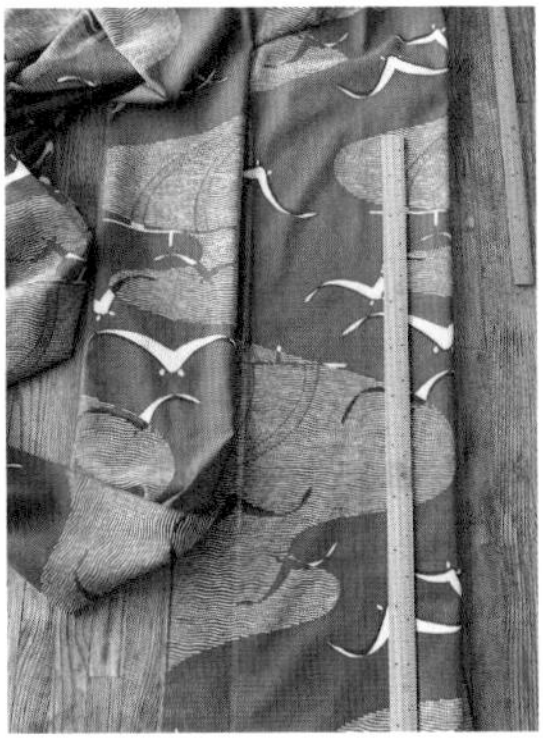

まず上前の身頃と衽にどう柄を配置するかを考え、白い波の重ね具合を検討（写真上段）。次に左右の衿の色と柄を検討（写真下段）。身頃と衿の柄の繋がり、顔写りを考えて、白と青を配置しました。

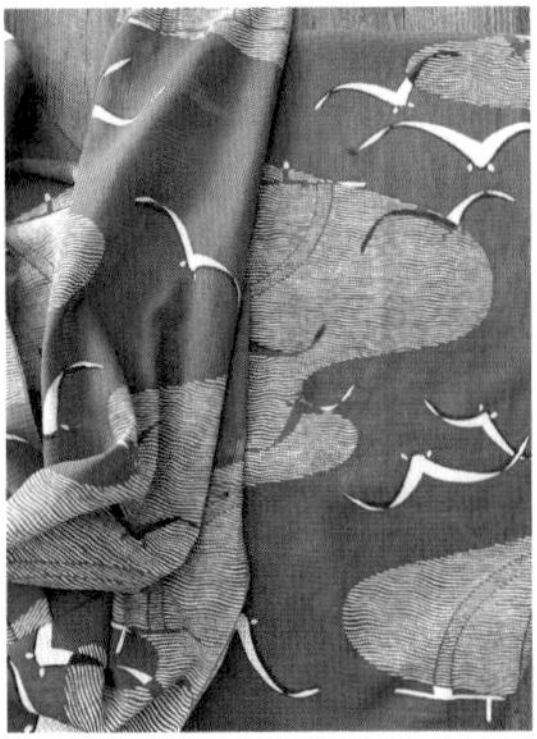

るわよ〟と妻に笑われます。でもね、こういう時間が僕は楽しくて」というのです。そんな仕立て師さんに出会えたのも、私の幸運のひとつでしょう。

6月末に仕立て上がり、七夕の日におろしました。素肌に着る綿紅梅の軽くてさらさらした感触は格別で、夏空の青、雄大な海の景色、気持ちよく旋回するかもめに、のびやかな気分になります。

夜、着替えたとき「あら、何か食べこぼしたかしら」と薄い茶色のシミを見つけました。翌朝、検分してみたら、それはシミではなく、かもめの羽の下に色挿しされた微かな陰影でした。

松原利男さんの長板中形を装着してみたときの感動は、いまだに忘れられません。一瞬「何これ？」と言葉を失いました。この浴衣に合わせたくて、西川はるえさんに帯をオーダーしたのもいい思い出。「夏のほとり」という題がつけられ、合わせてみたらイメージ通り。私にとってはエポックメイキングな出来事でした。

染め残された清冽な白の味、松原家の長板中形

過去2冊の自著でも着用し、その魅力を伝えてきたのが、松原利男さんの長板中形です。

長板中形とは、江戸時代から不変の型染めの技法。約6.5mのモミの一枚板に白生地を張り、伊勢型紙を使って表と裏両面に糊を置き、乾かし、藍に浸し、白く染め残すことで模様を表します。

白場が多く、朝顔や朝露の繊細な線や点が染められた浴衣は、主型と消し型という2枚の型が使われ、技巧的にも非常に高度。長板中形は表裏合わせて約200回型付けするといわれていますが、2枚型の場合はその2倍、400回型付けし、表と裏の柄が寸分違わずピタッと合うのですから、神業としか表現のしようがありません。

長板中形は、伊勢型紙に柄を彫る型彫師、型紙に糊を置く型付師、藍で染める染職人と、分業によって発展してきました。しかし松原家は代々、型付けから染めまでを自らの手で行っています。それぞれの仕事はそれだけでも専門性が高く、極めるのが大変なのに、2

過程をひとりでやり遂げる。でも、そのことにより、分業では得られないオリジナリティが生まれるといいます。

2022年、「銀座もとじ」で開催された「松原伸生の長板中形　藍冴える型模様の天晴れな美」展へ出かけました。伸生さんは利男さんの息子さん。祖父・松原定吉さんから続く3代目です。

そこにかけられた反物の藍と白を見ていると、不思議な感覚に陥りました。はじめは模様に目がいくのですが、そのうち藍も白も、地も柄も同等の力をもって迫ってくるのです。私が求めた笠文も、

松原伸生さんの笠文の長板中形は、まだ1年しか着ていませんが、今後さまざまな着こなしが展開できると確信しています。知念紅型研究所、知念冬馬さんの丸形菖蒲菱模様の帯と合わせて、万物に生気宿る小満を意識した組み合わせ。大好きな5月のコーディネートです。

いろんな柄を想起させます。UFOのように見えたり、怪獣の顔を思い出させたり。そのうちポジとネガが逆転し、ゲシュタルト崩壊が起きて、青い部分が模様のように浮き上がってきたりするのです。

「この笠のモチーフは昔のものですが、どこか現代風なところがいいなあと思い、古い型から新しく彫りおこしてもらいました。藍の色は濃くせず、コントラストを出し過ぎないように白を生かし、爽やかさや澄んだ感じを出したかったんです」と松原さん。

その言葉どおり、全体のトーンが瑞々しく、着ると都会の風景に馴染み、おすましな名古屋帯からお茶目な半幅帯まで、どんな着こなしも受け入れてくれます。瑠璃を思わせる藍の色と、ユーモラスな笠文が心を明るく照らしてくれました。

江戸時代から綿々と受け継がれる長板中形は、「手間はかかるし逃げ場のない仕事、染めの世界ではシーラカンスみたいな存在」と笑います。世の中の染色がシルクスクリーン的な技法や合成染料を取り入れて効率アップを進めていくなか、松原さんが求めるのは「伝統的なものではなく、伝統そのもの」です。「〜的、〜のようなものとは厳然と違う。手間がかかるけれど、手間をかける意味がある。代わりのものが生まれない。そういうものでなければ」といいます。浴衣といえば長板中形だったその歴史を、途絶えさせてはならない。そんな覚悟が言葉の端々から伝わってきました。

柄と生地を選び、それに合わせた最適な糊を都度つくることから始まる糊置き。阿波藍を建て、糊置きした反物を藍甕に浸け、求める青さに染めること。そこには型から全体を思い描く構築力、繊細で緻密な作業、力仕事、季節や天気、湿度から塩梅する経験値も必要で、多くの工程のバランスが整い、時間と手間をかけてようやく完成に至ります。糊を落とし何度も洗い、湯のしののち現れる白場は、ゆえに尊いのです。

着はじめた5年前は、江戸風情の朝顔や笹竹の繊細な柄が好きで安直に着ていましたが、年数が経つに連れ、この浴衣の不思議な奥ゆきに気づくことになります。藍の柄は、染め残された白によるもの。長板中形の味をやっと実感できるようになりました。

父・利男さんが白場を多く残し、2枚の型を用いながら染めた風流な夏の表現、息子・伸生さんの冴えた青に浮かぶどこかしら愉快な文様。どちらも私の夏を夏たらしめてくれる藍浴衣です。

締めやすくすっきり小粋、浴衣には博多織が似合います

福岡出身の私にとって、本場筑前博多織は子どものころから目にしてきた馴染みのある織物です。特に献上柄はあまりに見慣れていたので、浴衣を着るようになっても積極的に欲しいとは思えませんでした。

最初にときめいたのは、藤の花と幾何学柄のリバーシブルの小袋帯。オーソドックスな博多織のイメージとは異なるはんなりした雰囲気に惹かれました。白糸の光沢感が美しく、麻のカジュアルなものしか持っていなかった私にとって、おめかし感あふれる2本目の半幅帯になりました。

やがてきものを着るようになり、夏の素材、紗の献上柄、おとなピンクの名古屋帯を手に入れ締めてみたら、浴衣が見栄えのするお出かけ着にランクアップ。「やっぱり博多織といえば献上柄よね」と、すっかり宗旨替えしたのです。

実際、博多織の締めやすさは抜群で、「キュッキュッ」という絹鳴りの音を聞くとそれだけで背筋が伸びます。経糸の本数が多く打ち

献上名古屋帯には三献上、五献上と柄の数による呼び方が。白ベースの紗の三献上の名古屋帯はどんな浴衣にも似合い、これを締めると一気によそゆきの雰囲気が生まれます。小川郁子さんの切子で松原智仁さんが制作した帯留め「クリアと海」が映えて。

込みが密なので、柔らかいのにコシがあり、生地がピンと立つのも魅力です。

献上柄の由来は江戸幕府へ献上されたことから。ただ、博多織の歴史は鎌倉時代までさかのぼれ、780年もの長きにわたり親しまれてきました。華皿、独鈷は仏具がモチーフ、親子縞、孝行縞は家内安全と子孫繁栄の意が込められています。夏の紗は清涼感があり、締め心地も見た目も涼やか。白ベースの紗献上は、ことのほか出番の多い夏帯になりました。

2022年には博多織の名門「西村織物」の工場を訪ねました。糸が波うたないように巻く丁寧な糸繰り、帯によっては1万5千本を超えるという、目が眩むほどの本数を整経する作業……。織り出されるきりりとした柄に、博多織の矜持をみました。献上や間道以外の柄もありますが、やはり心惹かれるのは縞。私の故郷の小倉織もそうですが、福岡の経糸ありきの縞帯の潔さは格別です。そしてその粋で男前な帯は、女の人のフェミニンな内面を引き出してくれるように感じます。

浴衣×博多帯、このクールでカッコいい組み合わせは、老若男女を問わず、時代を超えて愛される王道のコーディネートに違いありません。

上から「西村織物」の紗の半幅帯、「協和織工場」の紋織小袋帯、「黒木織物」の両もじり紗献上名古屋帯。圧倒的な経糸の数によるシャープな柄、締めやすさ、歴史に裏打ちされた品格は、浴衣との相性も抜群です。

コラム

浴衣を自分で縫ってみた

家族の浴衣を新調したり、縫い直したり、私が子どものころは、浴衣は仕立て屋さんに出すのではなく、家庭で行うお裁縫でした。ボタン付けや半衿付け程度の針仕事しかできない、そんな私でも「もしかしたら縫えるかも？」と、和裁教室に。"自分で縫った浴衣を着る"という高揚感を味わいたくて「青山きもの学院」の小関三枝子先生に教わりました。

生地選び

反物は新江戸染「丸久商店」のもの。網目文様で、生地は綿コーマ。シンプルな柄は、初心者でも大失敗しないかな？という考えで（これが間違えだったことがいずれ判明）。そして、初めて縫う浴衣だからこそ、縫っていてワクワクする柄がいいなあという理由で選定。

布しらべ・見積もり・柄合わせ

水通しした浴衣地の「布しらべ」をする。傷や汚れ、染めムラの有無、表裏のチェックをして、二尺差しで全体の長さを測る。約12m70cm。総丈はたっぷりあることがわかった。「もし布に難点が見つかったらその部分は見えない場所にくるように裁つんです」と先生。きものは表から見えない部分が結構ある、それを利用すればよいのだ。次に「見積もり」。自分の寸法に従って、各パーツの裁ち切り寸法を出す。縫い代や内揚げの分を加えるので、上り寸より裁ち切り寸のほうが長くなる。

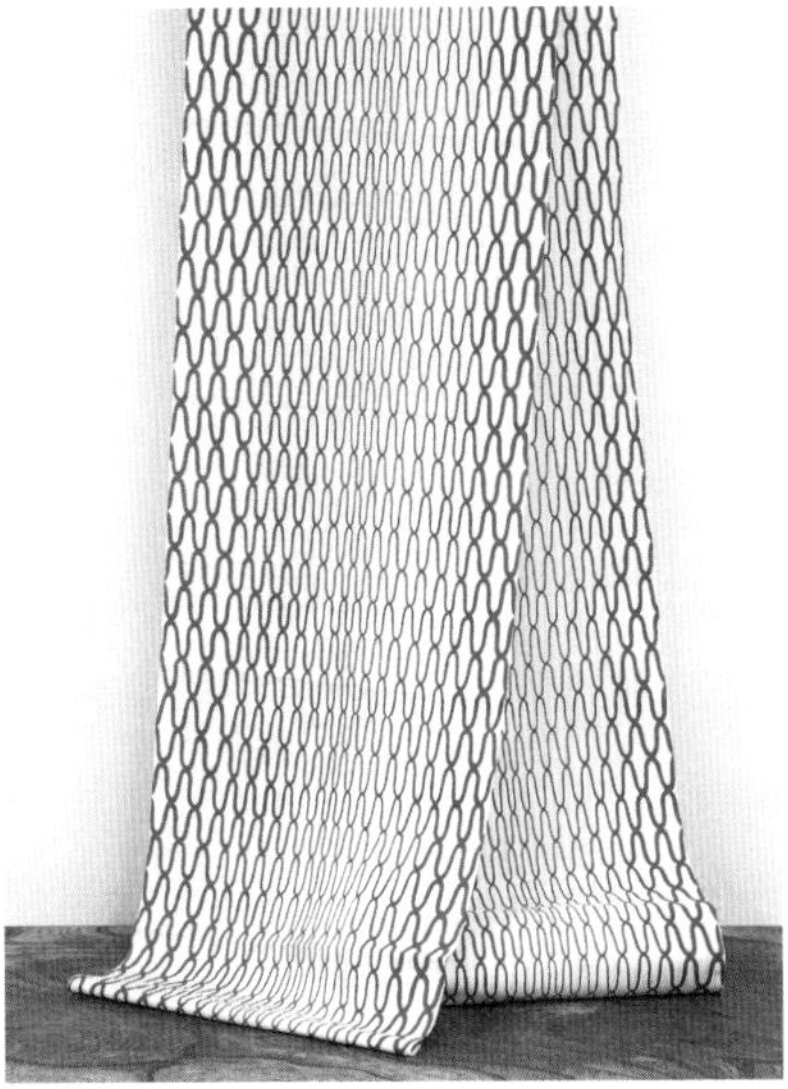

右上・「裁断は今でも緊張するし、集中力が必要」という小関先生。上・ハサミを入れる前の、水通しした反物。下・和裁に必要な裁縫の道具。

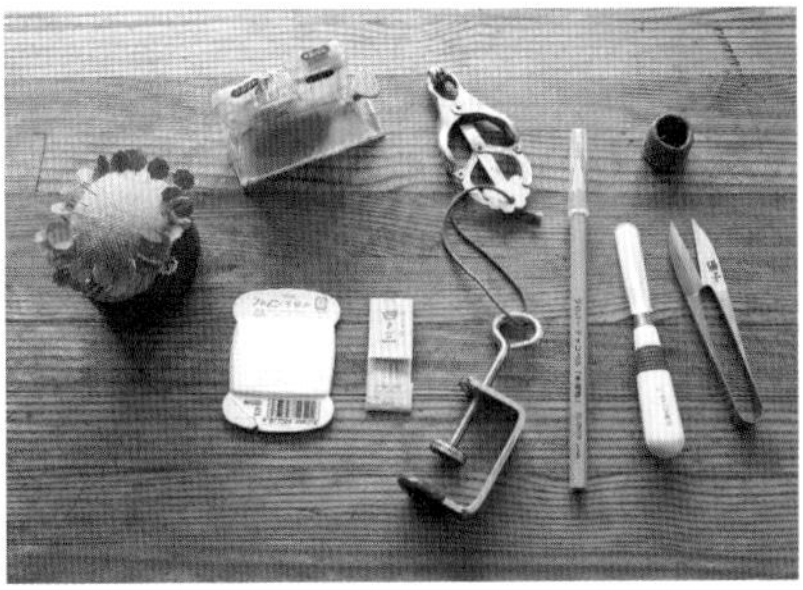

最後に「柄合わせ」。この網目文様は、細く薄い網や太く濃い網が染められているし、場所によってわずかなズレもある。

「これは合わせようとすると大変な柄。でも布はたっぷりあるからなんとかなりそうですね。もし叶わない場合は、衽、そして前幅を優先。上前はいちばん目立つ場所だから」と先生。

運針練習

並縫いと三つ折ぐけ、本ぐけ、耳ぐけの練習をする。並縫いは慣れ親しんだ縫い方だが、「くける」は和裁独特で、表になるべく縫い目が出ないようにする方法。折り山のトンネルに糸を潜らせたり、折り山の内側をすくったり、指糸が見えないので、指の感覚が頼り。先生の運針はまるで魔法のよう、うっとり見惚れる。

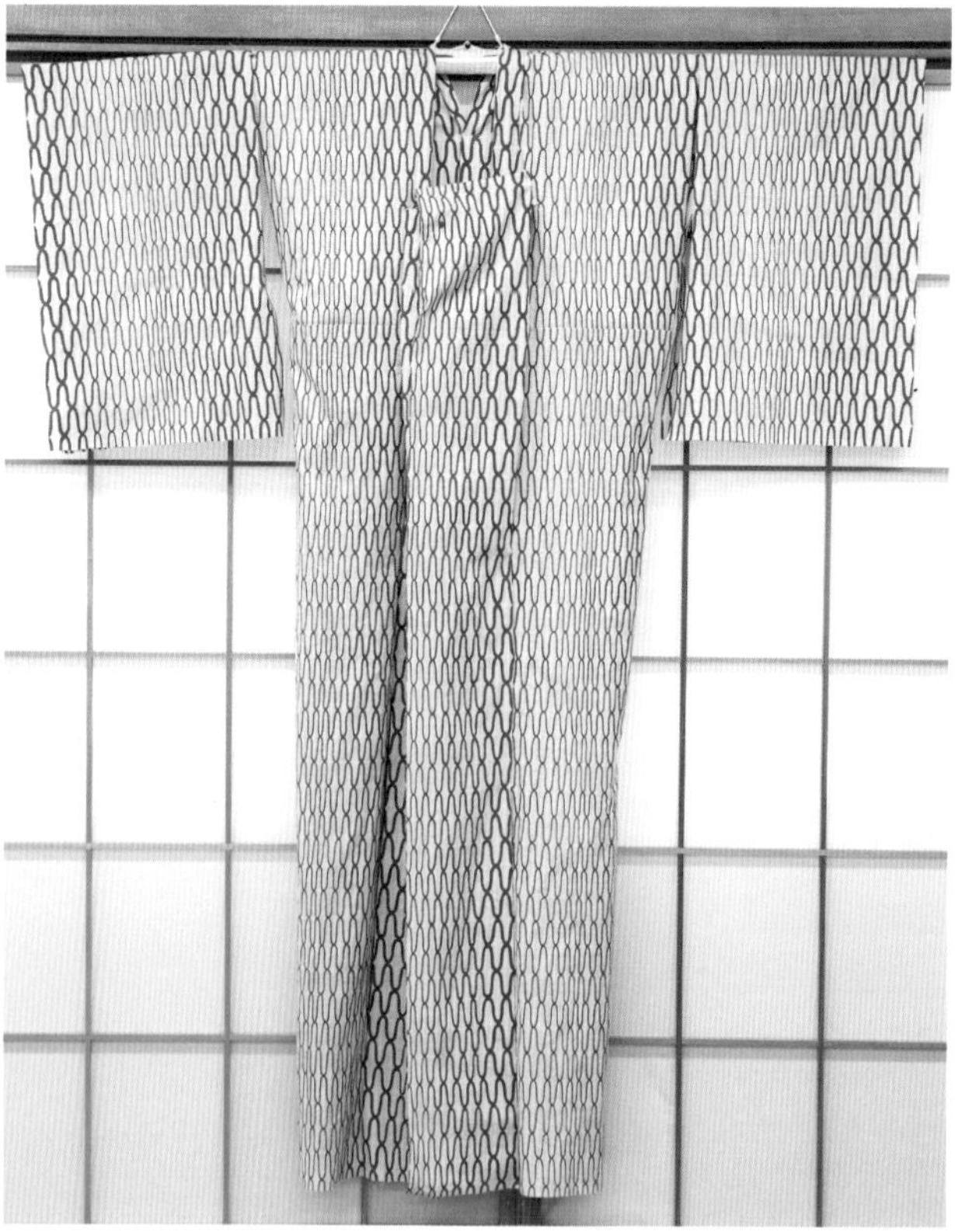

先生が裁断した各パーツにまち針を打って、どんな仕上がりになるのかを点検。網目が濃い→薄い→濃い、太い→細い→太い、というふうに配置され、布と布の繋ぎ目の柄もピタリ美しい。

裁断

最初なので私は見学、先生が裁断して下さった。網目の大きさ、濃淡を交互に配置する「追い裁ち」というやり方で、背中心、衽と身頃、袖、脇に至るまで、すべての場所の柄がずれずにぴったり合っている。先生は「これは訪問着のように裁ったから、訪問着浴衣ね」と笑う。「訪問着は絵羽になっているからむしろ裁断は簡単。浴衣は柄合わせを考えなくちゃいけないから、かえって難しいの。昔、生徒さんが持ってきた浴衣は、おしりに大きなひまわりの花がくるように裁ってあって、直すのに苦労したんですよ。さあ、せっかくだから広衿にし、単衣のきものと同じように仕立てましょう」と、ハードルが上がった。

印付け

自分の身長より長い布を縫っていくためには、印付けという作業が欠かせない。ヘラや電気ごて、チャコペンシル、糸で、要所要所に印をつけたり、手で折り線をつけたりする。ここで面倒がらず、こまめに物差しで測って印をつけることが肝心(手抜きをすると、結局あとで糸を解いて縫い直すことに)。左右の身頃がずれないように重ね、まち針を均等に打つ。

縫う・キセをかける

くけ台と掛け針を使って布をピンと張り、内揚げ、背、脇、衽とひたすら並縫い。10㎝ごとに「糸こき」をする。糸を少し浮かせ、縫い針の頭で裏側を馴染ませると、糸目が整うのだ。きつめ、ゆるめがこれで矯正できる。内揚げ4箇所縫ったところでこてで「キセをかける」。洋裁は縫ったあと縫い代を割るけれど、和裁では縫い目が見えないように、仕上がり線よりもわずかに縫い代側を縫って、仕上がり線で布を倒す。背も脇も、縫い終わると同様に片方に布を倒して「キセをかける」。今まで着ていて全然気づかなかった技術が、次から次に出てくる。

額縁作り・三つ折ぐけ

衿下の角など、きものは要所が直角になっている。これは「額縁作り」のなせる技。布を折り紙のように折り、ごろごろしないようずらし、角は針を刺して糸で突っ張る。美は細部に宿るとはこのことか! と感心。キセかけした布端と裾は三つ折りぐけで処理していく。布の耳はすっかり隠れてしまった。

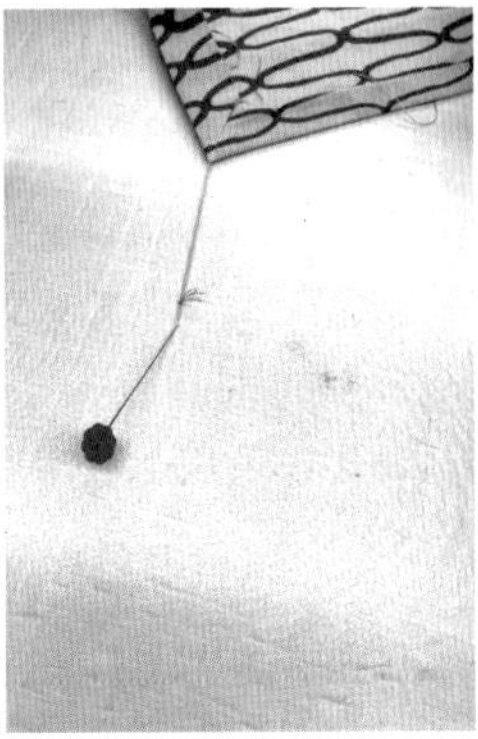

袖を縫い、丸みをつける

直線が多いきものだが、袖下の角は丸くなっている。この丸みをつけるのにも繊細な技が。袖用の丸み形を当て、粗縫いして糸を引き、指を入れててるてる坊主のように丸め、細かくヒダをとって縫い留める。どこにもハサミを入れずに縫うのだから驚いてしまう。

衿付け・衿肩あきを切る

今までひたすら折ったり縫ったりしてきたが、いよいよ1箇所だけハサミを入れる。後身頃をたたみ、首のうしろの部分を約8cm切ると、切り紙マジックみたいに、ぱかっと衿が広がりきもののかたちに！

衿はとても長い。そして、首周り、胸もと、胸下と、女の人の体の丸みも複雑だ。「ここはたるく(ゆるくの意)。ここは普通に」と、先生の指示が細かい。衿肩あきにかかる部分は衿布を緩め、さらにはこてを使って布をグッと伸ばす。布って伸びるんだ、とびっくり。「こうすると体に沿ってきれいだし、着心地もよくなるの」と。和裁の世界では「こてかけ3年」と言われるのだそう。衿周りは布の重なる部分も多く、4枚重なると厚みが出る。そこは段差をつけて畳み、盛り上がりそうなところは糸で縫って抑え、こてで「ころす」。洋裁なら切るところだが、絶対に切らない。切ったら元の1枚の布に戻らないからだ。

ずっと直線縫いの簡単な衣類と思っていたが、布を伸ばす、畳んでずらす、たるくしたりひかえたりころしたり……。和裁の深さを知ることになった。

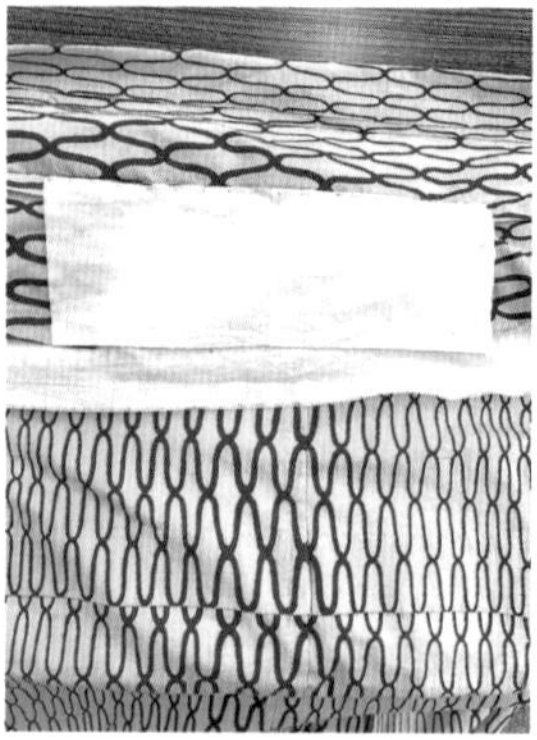

力布、裏衿、三つ衿芯など、ここには書ききれないほど、衿付けには小さな工夫が詰まっていた。きれいな衿には手間がかかっている。

袖付け、仕上げ

身頃に袖をつける。袖付け止まり(脇のところ)は、よく引っ掛けて縫い目が裂けやすいので、「かんぬき止め」で補強。こういうことは覚えておくと役に立つ。縫い代をくけ、衿裏にスナップをつけ、アイロンをかけて仕上げて完成。

できたてホヤホヤの浴衣を着てみた。綿コーマの注染だし、素肌にカジュアルにと思っていたけれど、こんなに立派で見栄えがするなんて！そこは柄合わせと細部にまで行き届いた単衣仕立てのおかげ。何度も縫い直した甲斐があった。せっかくだから長襦袢を合わせ、名古屋帯を締めて記念写真。

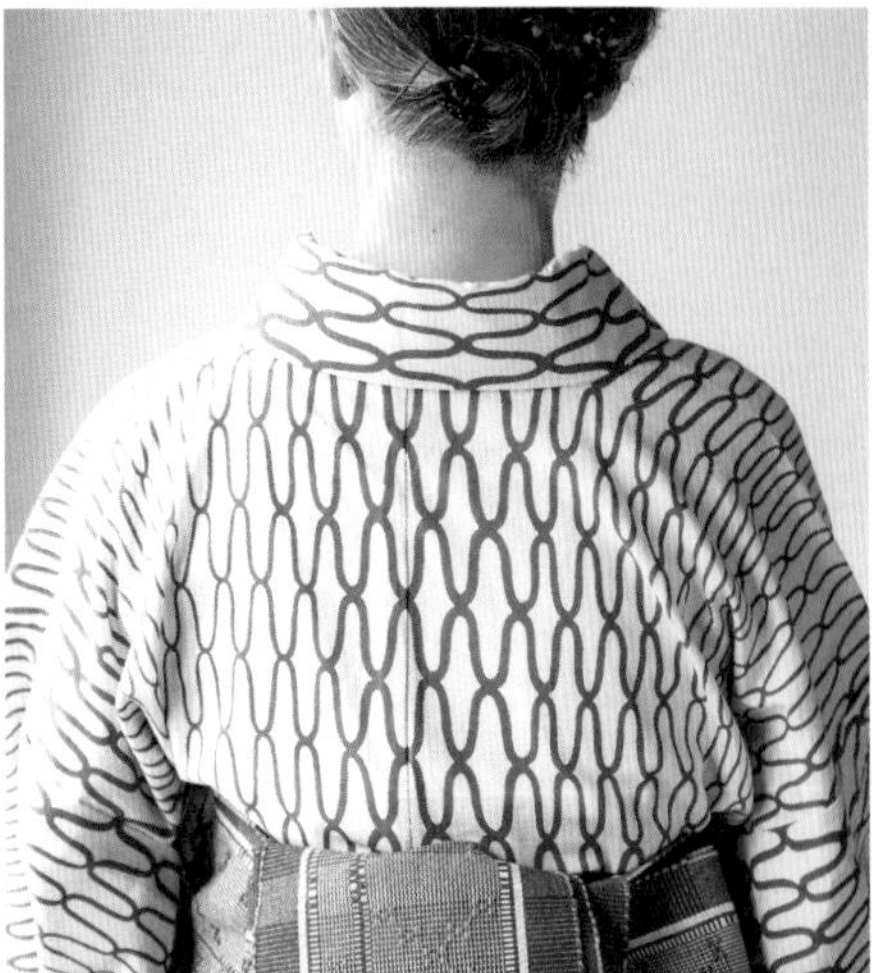

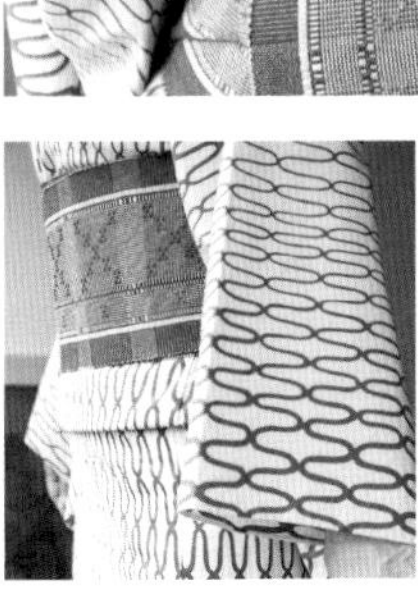

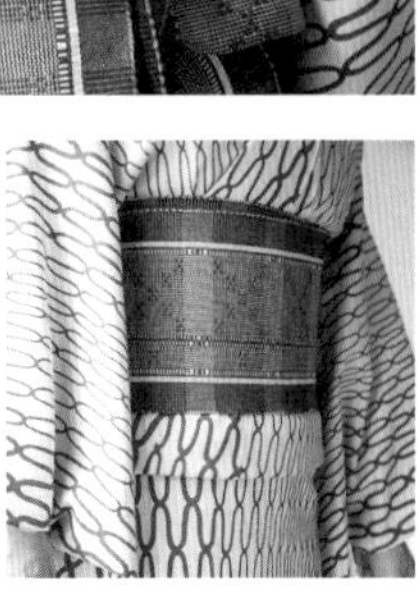

首里ロートン花織の半幅帯を結んで気楽に着ても、楽しい柄の麻の名古屋帯に帯締めをしても似合う。

3か月の教室通い。最初は聞き慣れない用語が飛び交い、外国語の教室にいるようだった。裁断した布も大小はあれど長い長方形ばかりで、それぞれの布がどの部分なのかちんぷんかんぷん。まち針をこんなに使うのかと仰天し、1パック買い足したのも今となっては懐かしい。

それでもひたすら縫ううちに、針目は少しずつマシになり、模様がズレて縫い直す頻度も減ってきた。キセをかける向きもなんとなくわかるようになり、背や脇、衽がつながるにつれ、針を持つことが楽しくなった。

処分寸前の瓢柄の古い浴衣をもらってきて洗い、リメイクした寝巻き兼ガウン。みやつ口は縫い閉じ、裾を切って対丈にし、切った布はベルト紐にした。

私の息子は折り紙研究会に入っていたが、どんなに高度な作品も、折ったり畳んだり広げたりするだけでハサミを入れなかった。1枚の紙に戻る折り紙と同様、1枚の布に戻るのが和裁。日本文化のある種の合理性に気づかされた。

和裁で習ったくけ方や止め方は、普段のちょっとした裁縫にも役立ち、古い浴衣を寝巻きに縫い直したり、長襦袢の丈を直したりしている。

そして何より完成した浴衣の柄がどこもピタッと合って、着心地が抜群によいのがうれしい。

3章

シンプルでアレンジがきく、おとなに似合う半幅帯結び

浴衣には半幅帯を合わせるのが、一般的です。鏡を見ながら前で結び、ぐるりと後ろに回して仕上げますが、まずは昔から愛されてきた基本の形をマスターするのが早道です。慣れたら、帯の長さや体型に合わせ、自分なりにアレンジしていくことも可能。半幅帯結びに決まりごとはありません。自由に形を作って楽しみましょう。

8つの半幅帯結び

最近では長尺帯をフワフワと立体的に結ぶ、華やかな変わり結びが若い方に人気がありますが、おとなに似合うのはキリッとしたシンプルな結び方で、気になるおしりをカバーするような形ではないでしょうか？

この本のなかでは、半幅帯をさまざまに結んでいますが、ほとんどがこの8つの帯結びに含まれています。

気軽で崩れにくく、私自身も慣れ親しんでいるベーシックな結び方ばかり。難易度や特徴、帯結びの動画を、着付けの森由香利さんに監修していただきました。

形の特徴	帯結び名	帯締め
ぺたんこ、かさばらない	かるた結び (P100)	なくてもできる
	片ばさみ (P101)	なし
シンプルで作りやすい	貝の口結び (P102)	あったほうがよい
	矢の字結び (P103)	あったほうがよい
ぐっと粋な印象に	吉弥結び① (P104)	必要
	吉弥結び② (P105)	必要
ほどよいボリュームと立体感	変わり角出し① (P106)	なくてもできる
	変わり角出し② (P107)	なくてもできる

●帯の長さについて

半幅帯の標準の長さは約360㎝。長めは380～400㎝、長いものというと400㎝超を指します。逆に短めは340～350㎝程度のもので、昔の半幅はそのくらいの長さが標準でした。

●自分の腕をメジャーがわりに

腕を横に伸ばして、体の中心から手までの長さや肩から手までの長さを覚えておくと、帯の手先を「約50㎝とって」「約70㎝とって」などと言われたときに役立ちます。また、半幅帯の幅は約15㎝ですから、端を三角に折ったところが15㎝、それを2つ分で30㎝、3つ分で45㎝と測るのも便利です。

結び方	難易度	長さ
結ばずはさむだけ、簡単楽ちん	★	短くても○
七難隠す、永遠の定番	★★	標準
細く見えて、粋な装い	★★★	標準
おとな可愛く、アレンジ自由自在	★★★	標準～長め ※長くても○

帯の長さ
380cm

ぺたんこ&すっきりが小気味よい

かるた結び

かっちりと四角形で構成され、その形がかるたに似ていることから、江戸時代に名づけられました。結び目をつくらず、ただ折り畳んで巻き留めるだけ。ラクな上にゆるみません。タレなしもできますが、タレをつくるとおしりがカバーできます。縞など直線的な柄の帯で、幾何学的に見せるとおしゃれ。短い帯でも長い帯でもOK。

帯の長さ
345cm

くつろぎ着に似合う、男結び

片ばさみ

男の人の帯結びとしておなじみの片ばさみは、自宅や旅館でゆったりくつろぐときに最適。さっと結べ、背をもたせても寝転がっても邪魔にならないのが利点。帯の上側を少しふっくらさせると女らしく見えます。手先とタレを長めにしておしりに「ハ」の字にかぶせると、シュッとした着姿に。長い帯のときは体に3回巻いて調整を。

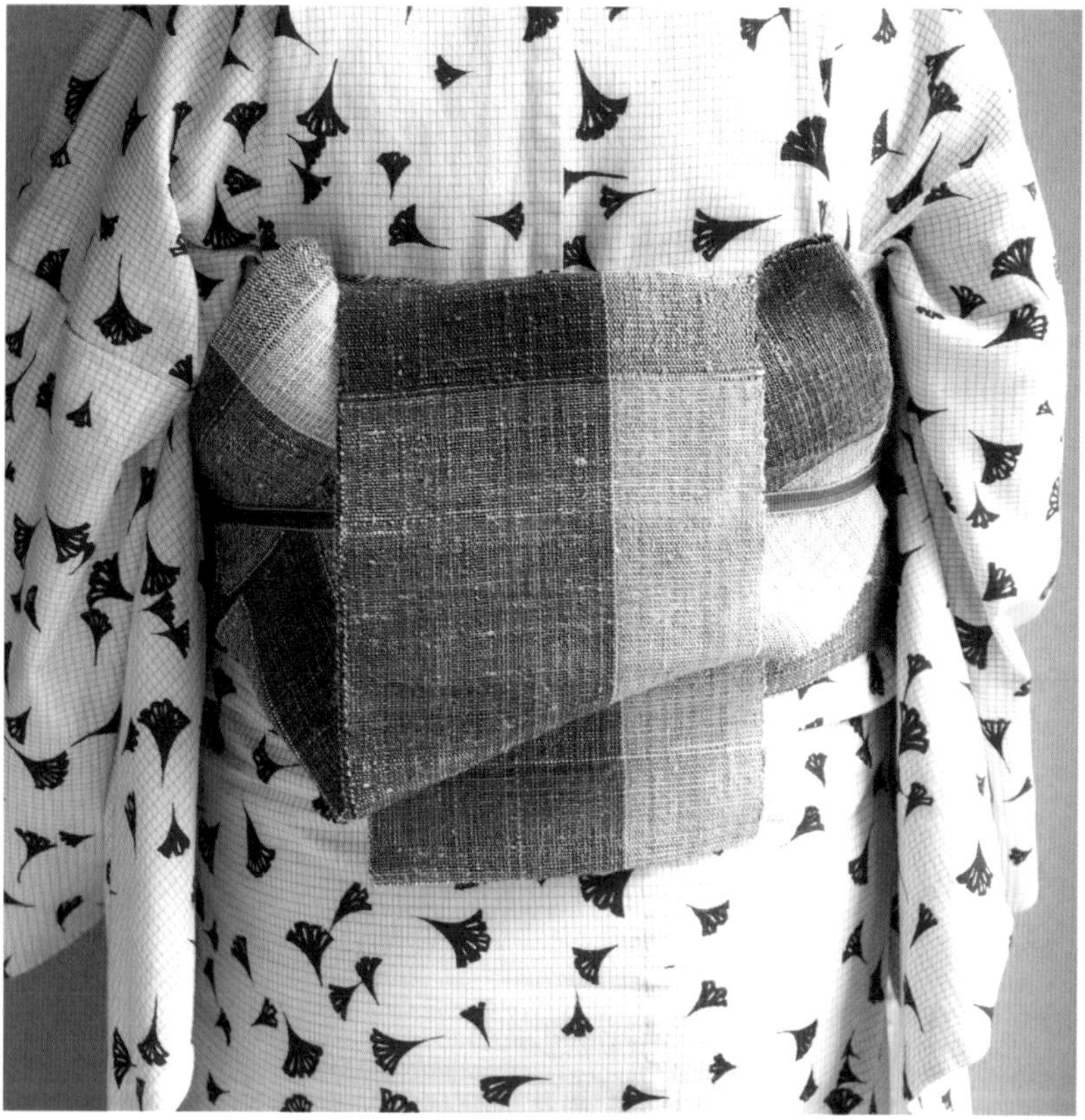

帯の長さ
375cm

定番の結び方を、少し変化させて

貝の口結び

時代劇でよく見かける、オーソドックスな帯結びが貝の口。もともとは男性の角帯の結び方で普通はタレなし、おしりが隠れません。そこでおとなのための変わり貝の口を提案しましょう。手先を半分に折らず幅を出すことで、柔らかな表情に。短めにタレをつくり、帯締めや三分紐で留めると形が安定し、おしゃれ度もアップします。

帯の長さ
370cm

小粋で脚長に見える、古典的な形

矢の字結び

江戸後期に流行した矢の字結びは、今も愛され続ける女結びの代表で、長めのタレが特徴。タレは斜めにしてもいいのですが、真っ直ぐにおろすと縦のラインがシャープで、脚長効果も。手先を半分にして折り上げた形がキリッとしていて、全体的に小粋なイメージです。こちらも帯締めや三分紐で形を安定させましょう。

帯の長さ
365cm

さり気なくこなれて見せたいなら

吉弥結び①

私がいちばんよく結んでいるのが吉弥結び。浴衣だけでなく、きものにも合わせ一年中楽しんでいます。江戸元禄の時代に一世を風靡した女結びで、歌舞伎の女形、上村吉弥の考案といわれています。帯の交差するところをきちんと合わせ、タレは三角にするのが基本形。帯締めや三分紐は必須、ときには帯山に帯揚げも使って楽しみます。

帯の長さ
355cm

四角く長めのタレでまろやかに

吉弥結び②

リバーシブル帯の表裏の柄を組み合わせた結び方も変化がついて楽しいもの。そしてタレを四角く出すと、三角よりまろやかで落ち着いて見えます。おはしょりがしっかり隠せ、おしりまでカバーできるのも安心。貝の口、矢の字、吉弥はどれも途中までは一緒。ちょっとした違いだけなので、自分なりにアレンジしてみましょう。

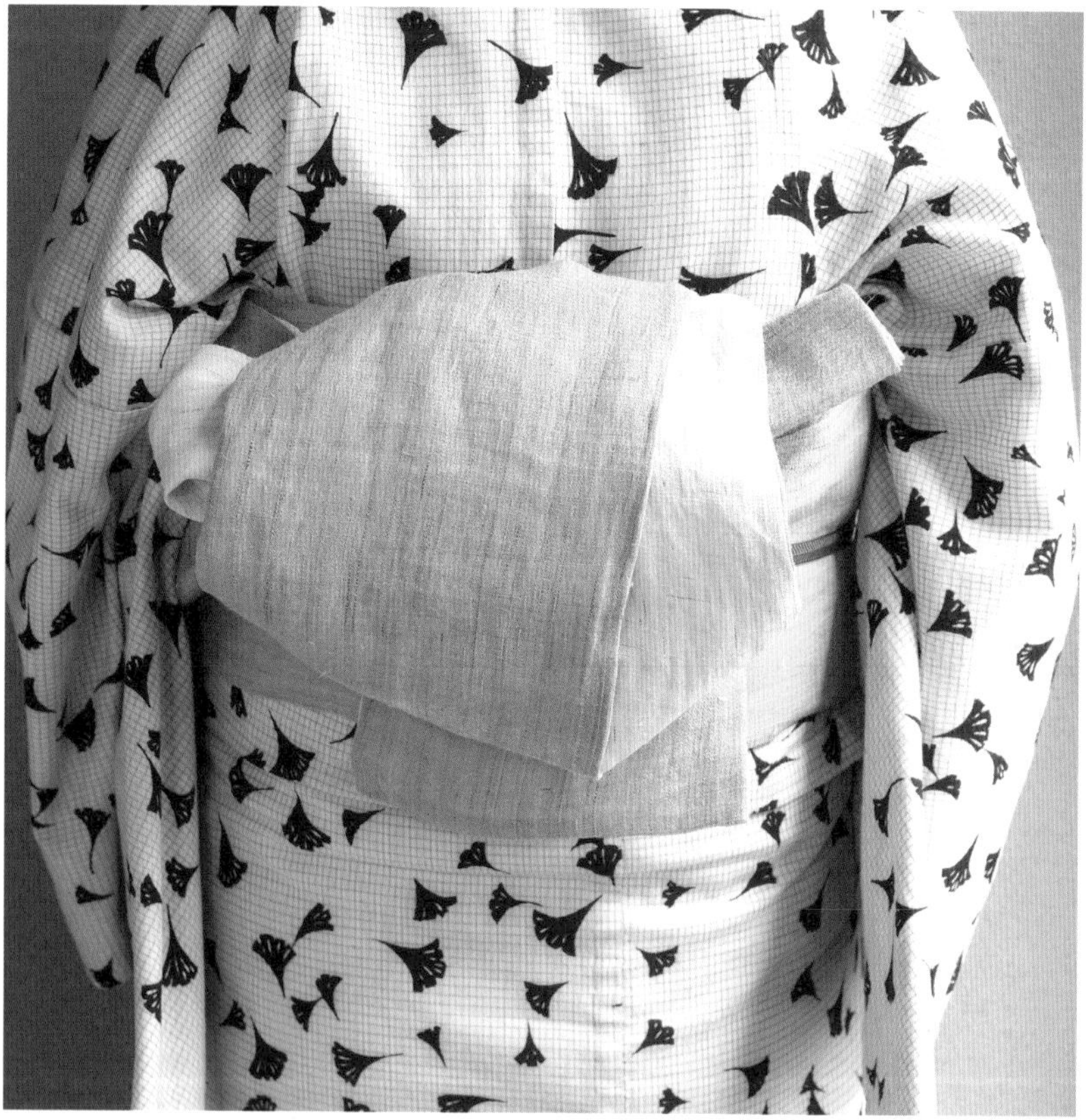

帯の長さ
375cm

巻き方を工夫すれば、お太鼓風に

変わり角出し①

左右に角を出すように手とタレを蝶結びにして、あとはタレ先を残してぐるっと巻くだけ。帯の長さやリバーシブルの表裏を効果的に使って、お太鼓風に形をつくります。私が最初にマスターしたのがこの結び方。真夏の浴衣にカジュアルな麻帯を結ぶときもスタイリッシュに見え、三分紐と帯留めをプラスすれば素敵な外出着に。

帯の長さ
405cm

リバーシブルを生かしふっくらと

変わり角出し②

角は広げて、タレを巻いていくときにおしりをカバーするように重心を下にもたせ、タレ先をかぶせます。長尺帯の長さとリバーシブルの柄を生かせば、ボリュームを出したさまざまなアレンジが可能。タレ先の長さや色柄の出し方を変えるとガラッと印象が変わります。帯締めや三分紐を使わなくても納まりがよい結び方。

4章

浴衣は自分で洗えます。着付けも、最小限の装備で

浴衣はもちろん、麻素材の夏きものも私は自分で洗います。綿や麻は水が大好きですし、汗などの水溶性の汚れはドライクリーニングでは取れません。正しい洗濯の知識さえあれば大丈夫。着付けもできる限りシンプルに。最小限の肌着ですませることが、涼しさにつながります。回数を重ね、自分に合った着付けを体得していきましょう。

浴衣のお手入れ

私は和服に限らず「洗えるものは自分の手で」タイプです。浴衣は反物の状態で水通しをしてから仕立てれば、あまり縮むことはありませんし、そうでなくても洗い方に気をつければ少しの縮みで収まります。新しい浴衣を最初に洗うときは、洗濯前に身丈と裄を計測。洗濯後にも測り、干すとき、アイロンかけのときに、なるべく元のサイズになるよう工夫しています。面倒かもしれませんが、最初が肝心。浴衣は1回目の洗濯でほぼ縮み止まります。

綿、麻、ポリエステル浴衣のお手入れ

綿、麻、綿麻混紡、ポリエステル素材の浴衣は、裏のついていない綿や麻のワンピース、ワイシャツなどと同じジャンルだと考えて洗濯しています。水を嫌う絹のきものとは別もの。もっと気軽に考えましょう。

浴衣を買ったときにチェックすること

洗濯表示のラベルや注意書きをよく読みましょう。「水洗い不可」とあれば、洗濯は諦めます。

濃い色の浴衣の場合、色落ちのチェックをしましょう。あまりぎれ、もしくは帯で隠れる部分の裏側の縫い込みでやります。白いタオルを濡らし、デリケート衣類用の洗剤を2、3滴含ませ、そこに浴衣の生地を数回トントンとたたきます。タオルに色がつく場合は、色落ちしやすいので注意が必要。洗濯時だけでなく着用時の色移りも考えられるので、専門店に相談を。

シーズン始めにチェックすること

その年初めて着るときには、前日までに引き出しから出し、きものハンガーにかけて陰干しします。そのときに変なところが折れていたり、畳みジワがないかチェック。必要に応じて、アイロンをかけます。アイロンは素材に合わせた温度でOK。シワの度合いに応じて霧吹きやスチームを使用します。絞り浴衣の場合は、アイロンは基本的に使用不可です（洗濯表示を守りましょう）。

日常のお手入れ

①着る前にやること

きものハンガーにかけて、全体をチェック。目立つ場所のシワなど、必要があればアイロンをかけます。

②脱いだらやること

今日はたくさん汗をかいたという実感があれば、きものハンガーにかけて、霧吹きに水を入れ、脇や胸、お腹周りなど汗を含んで湿り気のある部分にたっぷりスプレーして、ひと晩干しておきます。シミや汚れがなければ、翌日よく乾かしてから、畳んでしまいます。

③もしシミや汚れを見つけたら

食べこぼしや化粧品などのシミや汚れがあれば、その内容に応じて部分洗いをします。汚れ落としの手順は「油性処理」→「水性処理」→「もし色素が残ったら漂白」がセオリー。これは浴衣に限らず、普段の衣類の手入れに共通なので、覚えておきましょう。

右から、香りが好きなデリケート衣類用洗剤、化粧品汚れにも使うメイクオフオイル、「ウタマロ」リキッドは部分洗い、石鹸は足袋洗いに。酸素系漂白剤はシミ抜き、「エリそで」は皮脂汚れに。

コーヒー、紅茶などの水溶性のシミの場合

洗面器などに、デリケート衣料用の中性洗剤（蛍光増白剤や漂白剤の入っていないもの）を表示にしたがって薄め、汚れた部分をつけて、やさしく手洗い。その後、水ですすいで、タオルにはさんで水分をとり、陰干しします。ただし、カフェオレやミルクティーなど牛乳が入っている場合は油脂分の入った食べこぼしになります。シミの程度によっては、タンニンの色素が残ることも。その場合は追加で漂白が必要です。

スープ、ドレッシング、揚げ物など油脂を含んだ食べ物のシミの場合

食べこぼしや油ジミがあれば、歯ブラシに食器洗い用の中性洗剤の原液をつけて、トントン叩くようになじませ、やさしく手洗い。その後、水ですすいで、タオルにはさんで水分をとり、陰干しを。

ファンデーションや日焼け止め、口紅などの油性汚れの場合

化粧品類による衿もとの汚れには、メーク落とし用のクレンジングオイルを使います。汚れに直接つけて強くこすらず、やさしくなじませ手洗い。すすぎは他と同様に。

衿や袖の皮脂汚れの場合

肌が直接あたる部分は、皮脂の汚れで少しずつ黒ずんでいきます。汚れに直接、皮脂汚れを分解する合成洗剤を塗って5分ほど置き、その後デリケート衣類用中性洗剤や部分汚れ用洗剤を使って手洗い。すすぎは他と同様に。

④何度か着て全体を洗いたいときは洗濯機で

前ページ③の部分的な汚れ落としのあと、洗濯ネットに入れて、手洗いコースなどの弱めのモードで洗濯機洗いします。

・浴衣はお湯ではなく、必ず水で。そして、1回1枚の単独洗いにします。お湯による色落ちや、他のものへの色移りを防ぐためです。

・洗濯ネットはバスタオル用、スラックス用、もしくはきもの用を。ネットのなかで浴衣が泳がない程度のサイズが適しています。大きすぎないことが大事。

私が使っているのはスラックス用のネット。袖畳みし、ネットにきれいに収まるようにジャバラに折っていきます。ほとんどアイロンをかける必要がないほどの洗い上がりです。

・浴衣は「袖畳み」にして、汚れがつきやすい裾が表に出るようにきれいに畳み、ネットに入れます。ここで丁寧に畳むと、余計なシワが防げます。

・洗剤は蛍光増白剤、漂白剤が入っていない、デリケート衣類

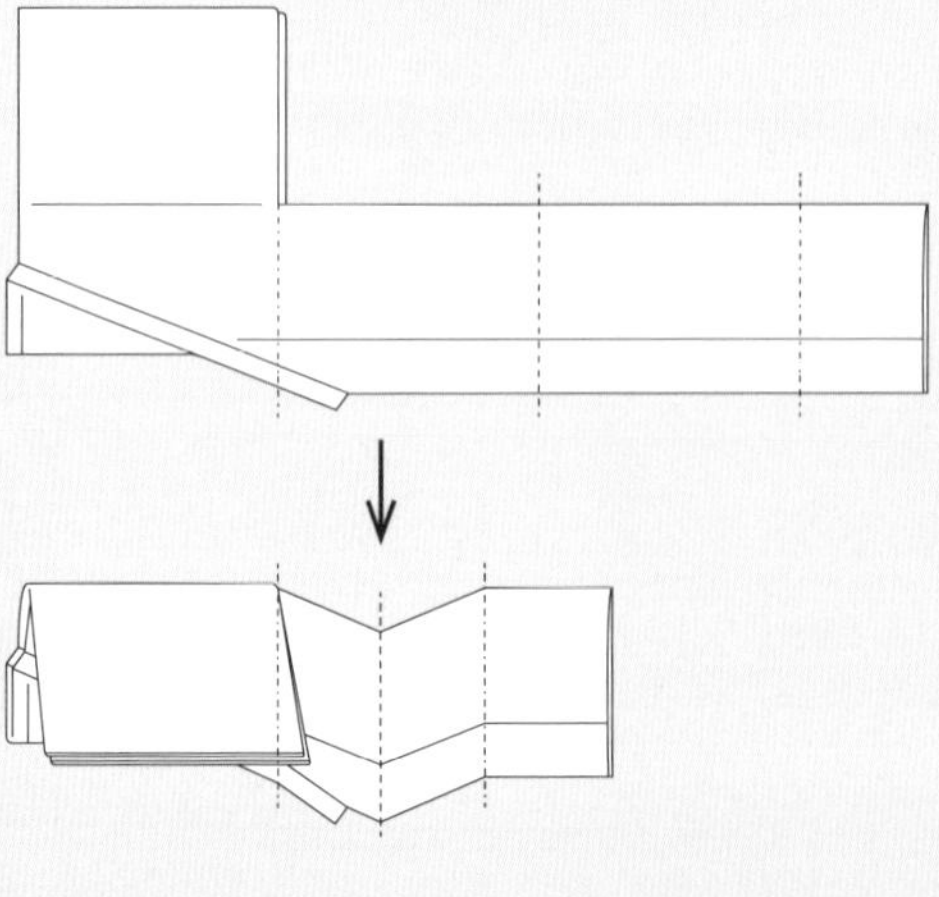

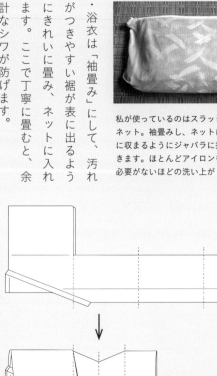

用がおすすめ。

・洗濯の最後の脱水時間はなるべく短く。縦型の場合30秒ほど、ドラム式は縦型よりも脱水の影響が出にくいのですが、目安としてはデリケートな下着などと同等の設定で。脱水が行き過ぎるよりは、手前で止めるほうがシワが軽減できます。

・もし糊付けをしたい場合は、使い方の表示を見て好みの分量で。ただし、シーズンが終わりしまう前の洗濯では、糊付けはしません。長く保管した場合、糊がカビの原因になることがあるので要注意です。

洗ったら「すぐに」干す

・洗濯が終わったら、すぐにネットから出して、きものハンガーにかけ、陰干ししましょう。縮みは乾燥時、特に縦方向に発生します。元の寸法に戻すつもりで、縫い目に沿ってピンと張るように上から下へ丁寧に伸ばします。その後、手でパンパンと生地を軽く叩くように手アイロンすると、シワも取れます。横方向の縮みは着用で自然に伸びるので、あまり気にせずに。イメージとしては縦方向9、横方向1ぐらいの加減です。

・夏は紫外線が強く、生地色が褪せることがあります。陰干ししたつもりでも日差しが差し込むことも。干しっぱなしにしないように注意しましょう。

アイロンをかける場合は湿り気のある状態で

・少し乾いてきたら、シワの状態をチェック。シワが気にならなければそのまま乾かして畳みます。特にポリエステル浴衣は1〜2時間もあれば乾き、シワもほとんどできません。

・綿や麻は、乾くとアイロンをかけてもシワが取れにくい繊維なので、湿り気のある状態でアイロンをかけます。アイロンの温度は生地に合わせ、布を引っ張るようにして、衿↓後身頃↓前身頃↓袖の順、どの部分も下から上に向かってかけます。

・濃い色の浴衣の場合、アイロンでテカリが出る可能性があるので、当て布をするか、裏側にかけます。

絞りの浴衣は、専門知識のないクリーニング店には出さないで

私の身近では、チェーンのクリーニング店に絞りの浴衣を出して残念な結果になった人が数人います。絞りがぺったんこにプレスされ、しっかり糊付けされて戻ってきたのです。クリーニング店のすべてがこうではありませんが、産地の有松でも同じような事例がいくつも報告されていると聞きました。私が絞り浴衣を購入した「近喜」では「自分で洗ってくださいね、アイロンもかけなくていいんですよ」と何度も念を押されました。

黄ばんだものや色が派手なものは、染め替えることも

古い浴衣で白地がうっすら黄ばんでいたり、若いころに買った派手な色合いのものなどは、自分で染め替えるのも手です。私がP27で着ているオレンジの絞り浴衣は、元は白地でオレンジの色合いもかなり派手でした。ネットで購入するとこういう色の失敗はつきものです。ダメ元で「ダイロン」のベージュ系染料で染めてみたら、白とオレンジのコントラストが少し和らぎ、これなら家着としていいかも？　というレベルに落ち着きました。私は黄ばんだ絹の半衿なども「ダイロン」や紅茶を使って台所で染めます。処分寸前からの敗者復活もありです。

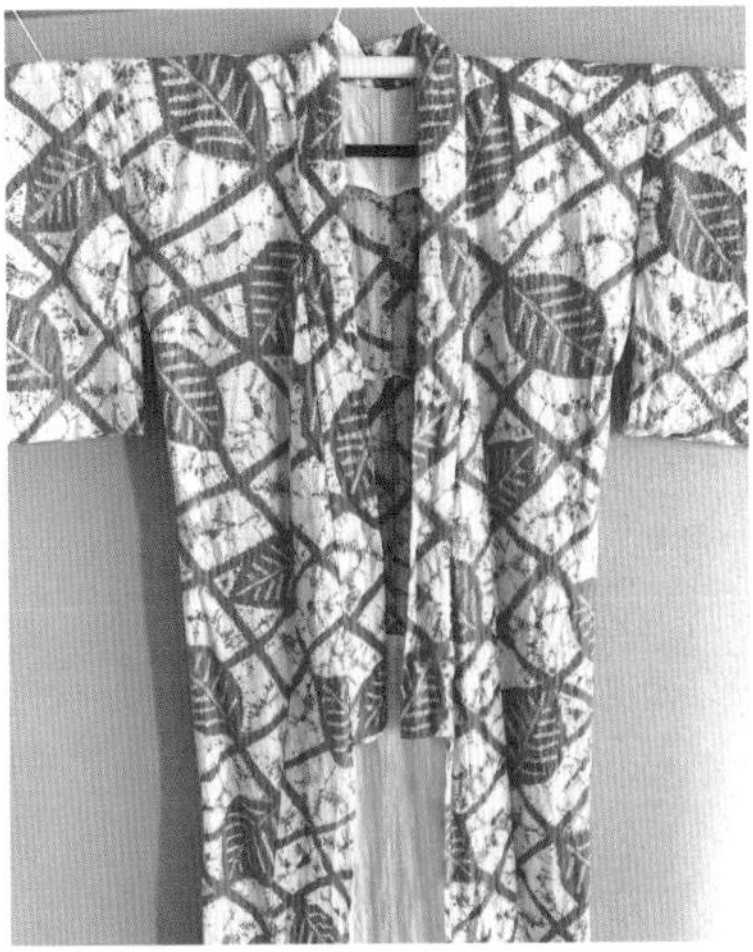

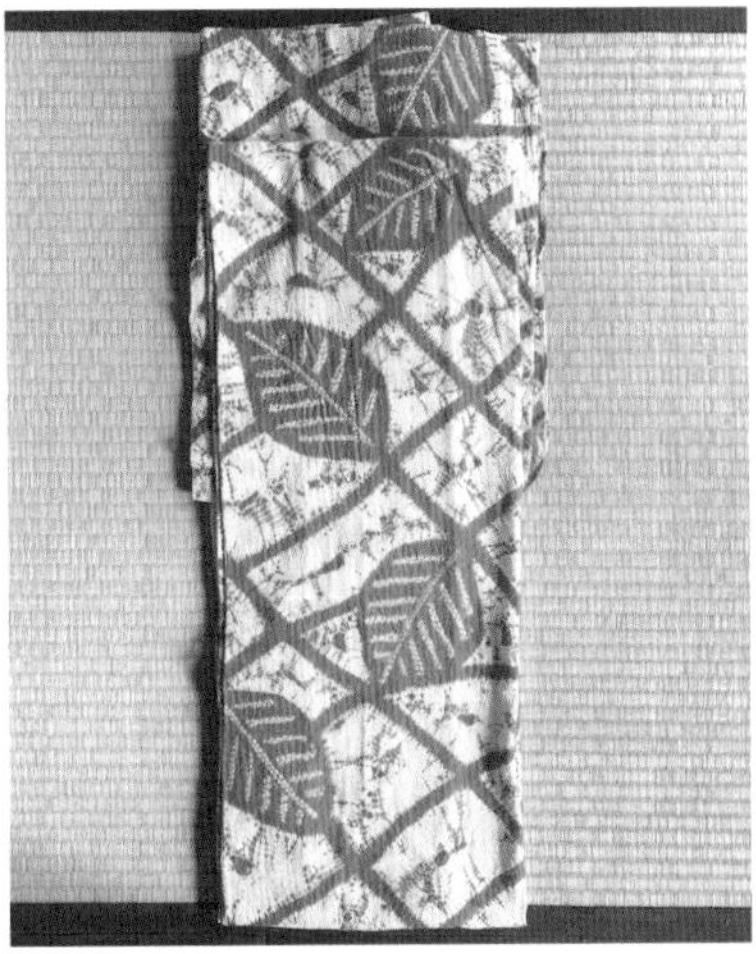

右上が元の浴衣。真っ白の地に蛍光オレンジの染めは、私にはちょっと無理…。ただ柄や着心地はよく、どうしたものかと思案。「ダイロンプレミアムダイ」のベージュ２袋で染めて、全体の色合いを少し抑えめに。仕上げにカラーストップで色止め。左上のようになりました。

涼しく着る工夫

浴衣を快適に着るためには、どんなインナーを着るかがポイントになります。晩春から初秋にかけては猛暑日もあれば、梅雨寒の日も。そして、真夏の一日でも盆踊りに行くのとエアコンが効いたレストランで食事するのでは、肌着のタイプも変わります。

また、暑がり体質で、締め付ける下着や補整が苦手な私が愛用しているものと、そうでない方たちが使っているものでも、かなり違うのが実情です。個人差があるので、自分が快適に過ごせる下ごしらえをしましょう。

浴衣の下着、肌着の選び方

ブラジャーは和装専用が望ましいのですが、洋装用のものでも代用できます。その場合、肌に近い色で、スポーツブラなどのボリュームが出ないリラックスできるタイプのものを着用します。ブラジャーは必須ではないので、不要な人はしなくても構いません。

浴衣はおしりの部分が意外と透けます。ショーツも肌に近い色の無地を選び、縫い目が響かず、ヒップラインが目立たないシームレスのボクサータイプなどを。そして、トイレのときの上げ下げがラクなように、はき込みが浅いものを選びます。その上に肌着を着ます。

①肌襦袢と裾よけ

（上半身と下半身で分かれたセパレートタイプ）

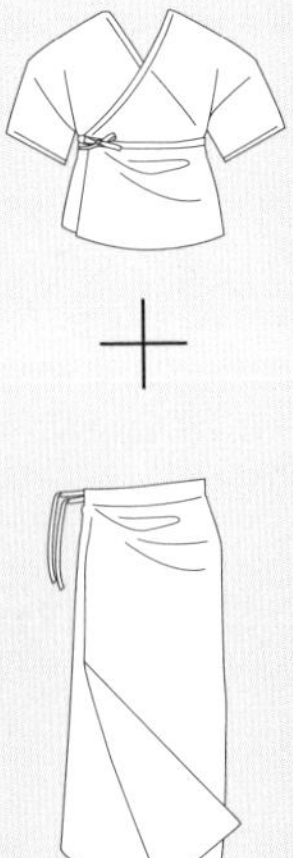

②和装スリップ

（一体型のワンピースタイプ）

肌着は①と②がありますが、初心者には②の和装スリップがおすすめ

ここまでが浴衣の基本装備ですが、夏ならではの便利肌着を利用したり、きもの風に着るために長襦袢を加えたり、あるいは洋装用のものを流用して簡単に済ませることも可能です。浴衣のインナーに正解はないので、自分の体型に合った快適で表に響かないものを選択しましょう。

浴衣に合わせたインナーの具体例

夏に綿コーマ、絞り、綿紅梅などを半衿なしで素肌に着るとき

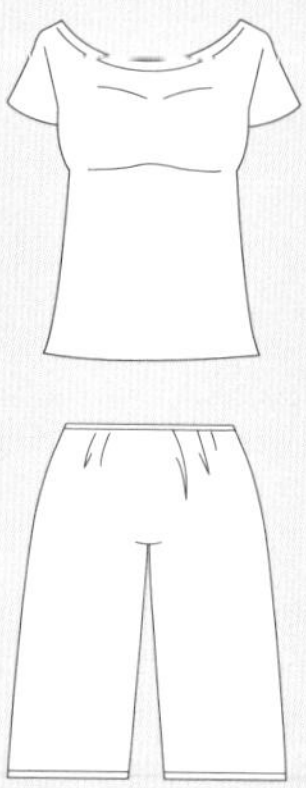

ブラ付きTシャツ

＋

ミディ丈（膝下丈）のペチコート

きもの用のものがなければ、洋服用のインナーで代用しても構いません。衣紋の開きからインナーが見えないよう、くりの大きいものを選びます。「ユニクロ」のエアリズムのブラ付きタンクトップやペチコートを利用する人も多いようです。

和装ブラジャー

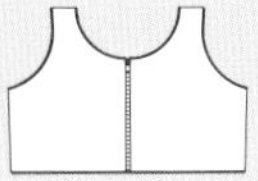

＋

和装スリップ（or肌襦袢＋裾よけ）

汗取り肌着

＋

ステテコ

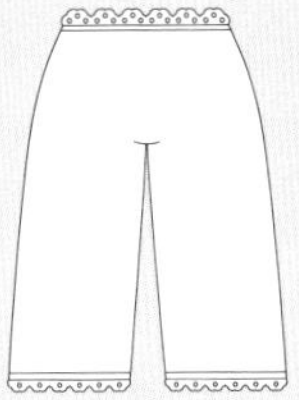

きもの用の下着を持っている人はこちらのセットで。私は和装スリップ派で、「京都ゑり正」のシルクロードコットンスリップを愛用。気持ちがいいので、オールシーズン使っています。綿や麻、天然の夏素材がおすすめ。

ブラジャーが苦手なら前面に麻わたが使われた「たかはしきもの工房」の補整肌着や、胸もとや胴回りを吸水速乾自然素材でキルティングした「あしべ織汗取り下着」を。夏だけでなく通年活用する人も。ステテコは浴衣用の無地で、麻や綿の楊柳が肌に爽やかです。

夏に綿絽、長板中形、綿麻などを半衿付きで着るとき

和装ブラジャー

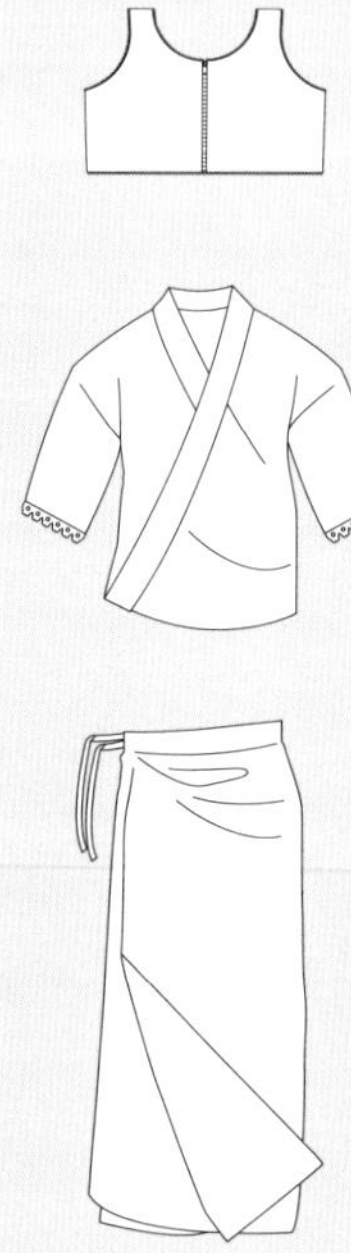

＋

半衿・袖付き半襦袢

＋

裾よけ

汗取り下着

＋

半衿・袖付き半襦袢

＋

ステテコ

浴衣に半衿を入れたいときの、いちばん涼しい組み合わせ。筒袖という振りのない、細く短めの袖と、半衿がかけられた半襦袢は重宝です。特にレースや刺繍が施された袖は袖口から見えてもきれい。下穿きの裾よけはステテコでもOK。

汗かきさんにおすすめなのが、この組み合わせ。自然素材の汗取りをキルティングした下着は、天然の〝スポンジパット〟による補整効果もあり一石二鳥。半衿・筒袖付き半襦袢とステテコで、カジュアルに浴衣のおしゃれが楽しめます。

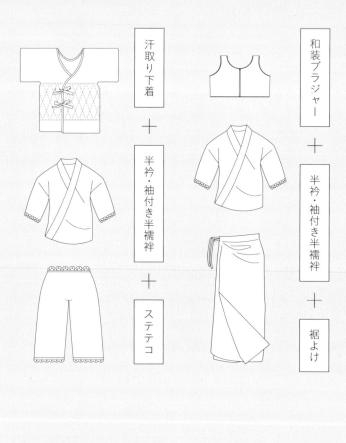

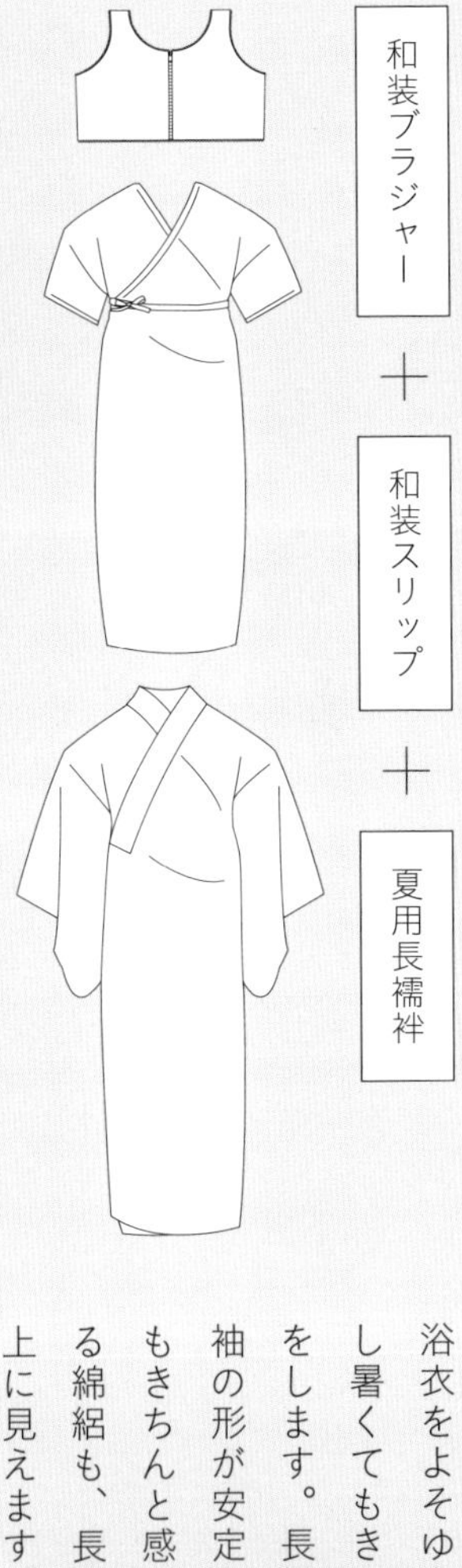

浴衣をよそゆきとして着るときは、少し暑くてもきものと同格の下ごしらえをします。長襦袢の振りのある袖だと、袖の形が安定し、袖口から見えたときもきちんと感が。わずかに透け感がある綿絽も、長襦袢を着るとワンランク上に見えます。

・松煙染めや奥州小紋、絹紅梅などをきものとして着るとき

松煙染めや奥州小紋を単衣きものとして着るのなら、下着、肌着の上に長襦袢を着ます。半衿は単衣向きの楊柳などを付けて。絹紅梅は最も透け感のある浴衣、夏用の長襦袢を丁寧に着て、半衿は夏の絽を。

涼しく着るためのちょっとした工夫

●肌着を着る前にベビーパウダーを胸や脇、首など汗をかきやすいところにパフではたいておきます。

●補整はなるべく省き、着付けが終わったら胸ひもを抜いて、体につける布やひもを最小限に。衿がはだけるのが心配なときは、衿のVの下を両面テープで留めておきます。

●炎天下を歩くときなどは、保冷剤をハンカチで包み、みやつ口から脇の下あたりに差し込みます。

半衿なし、素肌、素足で着るときの着付けのポイントは？

●**裾線はくるぶしぐらい**

きものより短めに着て、きびきびとした足もとに。

●**衣紋の開きはこぶし一つ分**

それ以上開けるとだらしなく見えてしまうので、控えめに。

●**衿は喉下のぐりぐりで合わせて**

衿もとは詰め気味に。はだけないようにきちんと押さえます。

●**帯位置は少し低めに**

よりカジュアルに、小粋に見えます。

●**衿に直接衿芯を入れて、きれいをキープ**

下前の衿の内側の縫い目を少しほどき、そこから薄い衿芯を差し込みます。汗をかいても衣紋や衿もとがだれず、ピシッとした形がキープできます。

バチ衿の注染浴衣などを素肌に着るときは、下前のこの部分の糸を解いて、薄くて細めの衿芯を差し込むと衿が決まります。

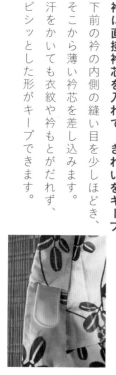

5章

涼を感じさせる色と素材、浴衣は小物も楽しい

麻の帯に色ガラスの帯留めを飾って、桐の下駄にはトンボ柄の鼻緒、竹かごぶら下げて日傘をさして、かき氷でも食べに行きましょうか。浴衣には軽やかで涼しげな小物が似合います。こってりよりあっさりが見た目にも心地よいのですが、遊び心のあるモチーフや派手な柄を合わせるのもおしゃれ。アフリカンプリントの傘、パナマ帽など、洋服用の小物も合います。夏きもの風に着るのなら、半衿や足袋も夏仕様に。ささやかなところにも心配りしたいですね。

岡山は日本を代表する紡績県。そんな土地柄ゆえ見つかった、紳士服用高級ラミー生地で誂えた長襦袢と半襦袢。暑がりな私は、長襦袢は４月や10月にも着用。細番手の滑らかさは、袷のきものにも馴染みます。

夏の肌着や襦袢は、麻に勝るものなし

肌着や襦袢に関しては、人がいいというものはなんでも試してきました。半襦袢の類もあれこれ比較し、紆余曲折を経ていまに至っています。

そんな私が「夏はもうこれだけでいい」と思っているのが、140番手という極薄ラミーで誂えた長襦袢と筒袖・衿付き半襦袢です。岡山の呉服店「染と織たかはし」で、もともと洋服用の生地だったというこのラミーに出合い、淡い砥粉色に染めて長襦袢をつくってもらったら、あまりの気持ちよさに感涙。２枚目は墨色に染めてもらいました。

さらに、浴衣下に着るため、同じ生地で筒袖・衿付きの半襦袢をオーダー。これに麻のステテコで下ごしらえすると、涼しく肌に心地よく、私は「マイナス５℃襦袢」と名付けて愛用しています。衿なしの肌襦袢はよそのものですが、やはり麻を身につけます。

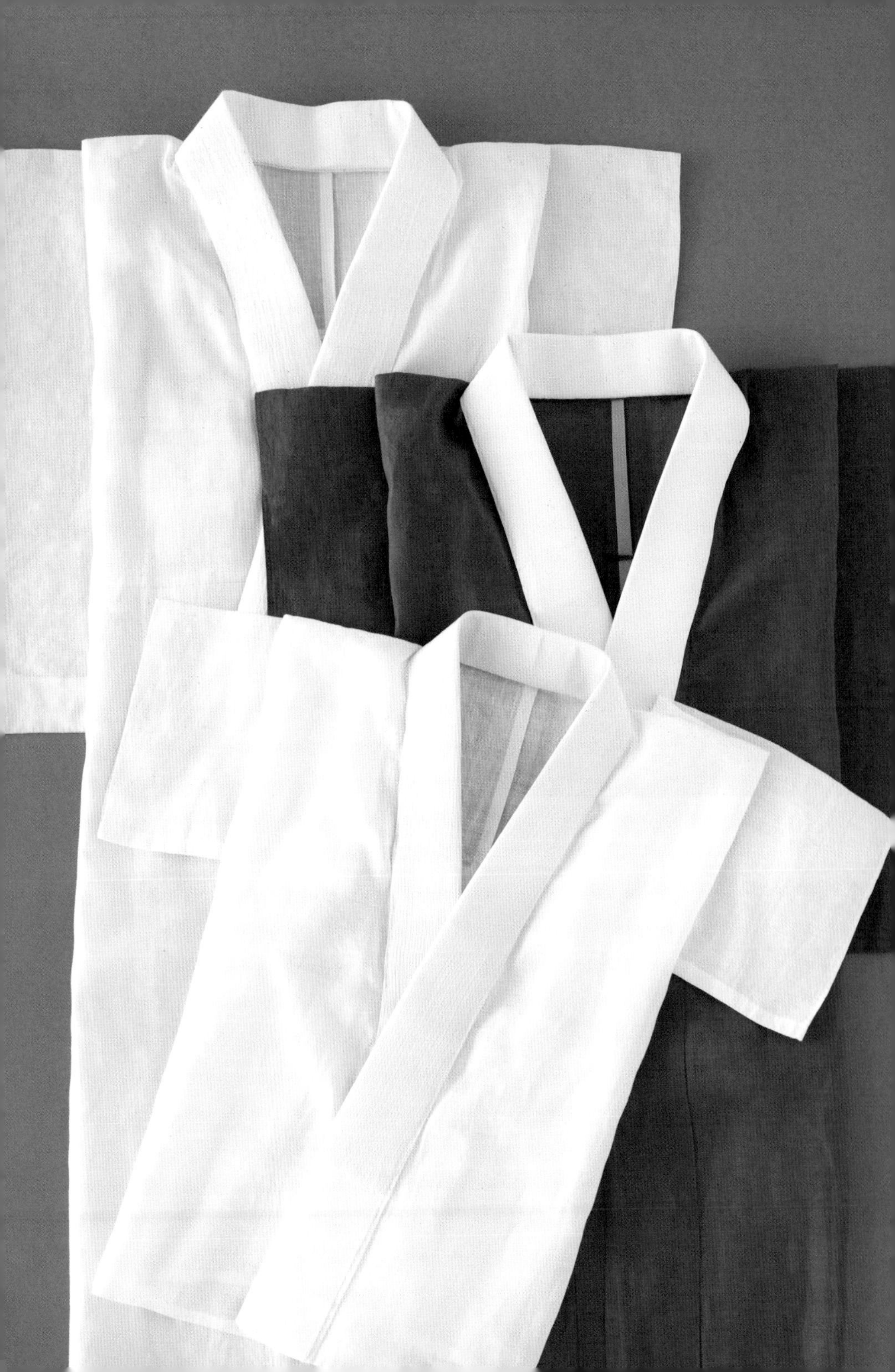

翡翠に珊瑚、ガラスのビール、帯留め楽しや

半幅帯にちょこんとのせた帯留めは、浴衣を彩るアクセサリー。透明感の美しい切子、イタリア製のモレッティ、丸いとんぼ玉など、ガラス製の帯留めはカラフルで夏らしさを添えてくれます。

　天然石や珊瑚、真珠、象牙を使って細工したものは通年使えますが、浴衣に合わせるとおとなっぽい雰囲気に。Tシャツにパールやダイヤのネックレスをするような感じでしょうか?

　そして、初夏や秋口には、浴衣を季節に寄せて着るために、帯留めを使うのもひとつの手。夏の初めに紫陽花の、初秋にはお月さまのモチーフなどをのせると、それらしくなります。

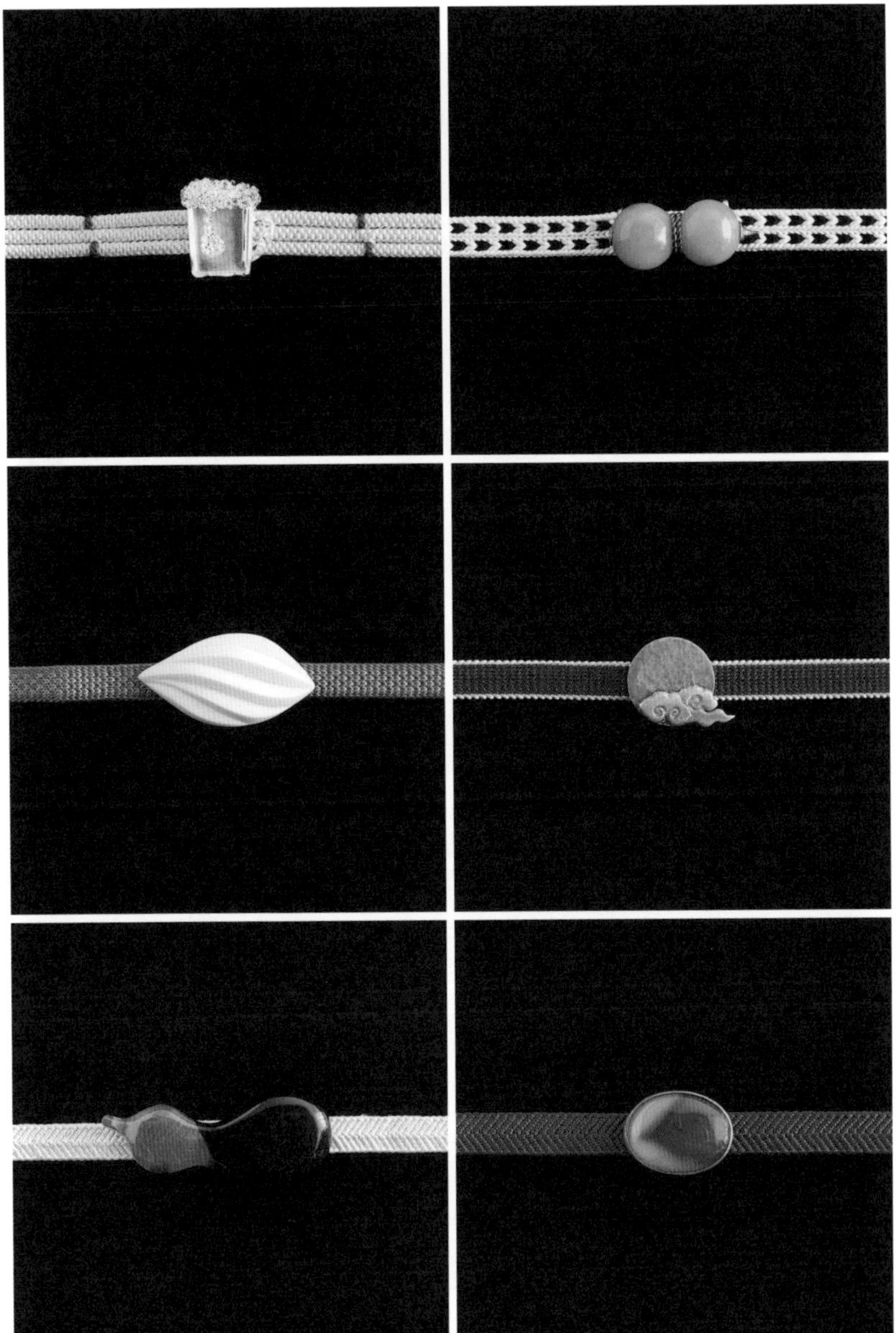

右ページ・乳白の六角形はモレッティガラス。小川郁子さんの切子細工はきれいで惚れ惚れ。松原智仁さんの白珊瑚は竹のモチーフ。左ページ・翡翠の瓢はアンティーク。月に雲、銀の帯留めは「T.O.D」でオーダー。美しい紅白瑪瑙は「銀座もとじ」で。一條朋子さんの愛らしいガラスのビール。白磁の木の実は髙橋奈己さん。艶やかな瓢は「大澤鼈甲」で。

履き物のセレクトで決まる、よそゆき度

浴衣をどう着るかによって、自ずと決まってくるのが足もとです。ご近所浴衣には素足に下駄、よそゆき浴衣には足袋に草履。そう考えておけば、まず間違いありません。

12時から時計まわりに。桐に桜の木の側を貼った樺細工の下駄は通年用。年中愛用の「一脇」の木草履、夏はシナ布素材で涼やかに。草履型サンダル「JOJO」は雨の日も安心。赤い漆塗りの下駄に金魚の鼻緒は夏気分満載。パナマの草履はおめかし浴衣をさらに格上げ。二枚歯の利休下駄は白足袋をはいて粋に。「神田胡蝶」の高右近は、ヒールのサンダルのようなおしゃれ下駄。「祇園ない藤」の畳表の装履は四季を通して足もとに品格を与えてくれます。

でも、白足袋にちょっと高さのある下駄というのも、小粋に見えていいものです。また、ある程度年齢がいくと、素足を晒すのは見苦しいからと、どんなときも足袋をはく方もいらっしゃいます。

下駄は、指が痛くなったり、歩きにくくて怖かったりということのないように、できれば専門店で試し履きし、鼻緒を調整してもらうことをおすすめします。最初は草履に似た小判型、台に緩やかなカーブがついた「右近」といわれる形で、底にゴムのついたものが安心できると思います。

意外に目立つ浴衣の足もと、足袋は白く涼しく新しく

浴衣はきものより短めに着るため、くるぶしから下が丸見えになります。歩いたり座ったりすると、素足はもちろん、足袋をつけた足もとも意外に目につきます。

素足の場合、しっとりしたかかとと整えた爪が基本。濃い色のペディキュアをすると甲の肌がきれいに見えます。

真夏の足袋は断然、清涼感のある白推しで、素材は麻を愛用しています。薄くて涼しく、蒸れません。レース素材の可愛くて爽やかな足袋は、初夏のおしゃれ着用。こちらも白ベースです。

以前、呉服店でのお話会で、足袋にアイロンをかけるという方が数名いらっしゃってハッとしました。試しに麻の足袋にかけてみたところ、シワが伸び布目も整い、以来、私もアイロンをかけています。

白足袋は薄汚れたり黄ばんでいては興醒め。特に夏はキッパリした白が身上です。

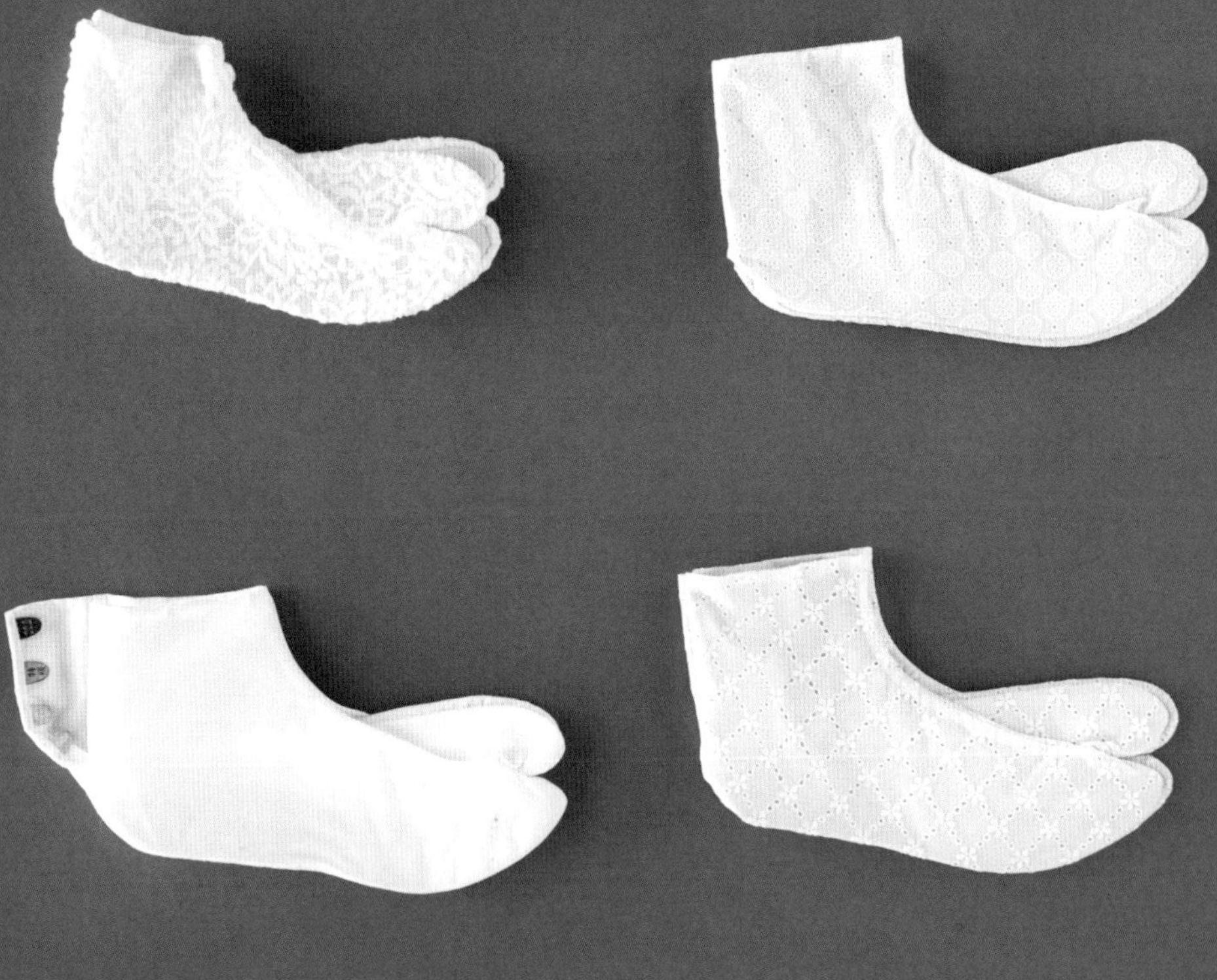

右上と右下・水色や薄緑の地にレースを重ねた足袋は、どちらも「えびす足袋」のもの。レースの透け感やフェミニンなテイストが初夏に似合います。左上・涼感素材を使ったレース製。左下・京都「きねや」で毎年リピートしている本麻足袋。石鹸をつけて洗い、時々漂白します。

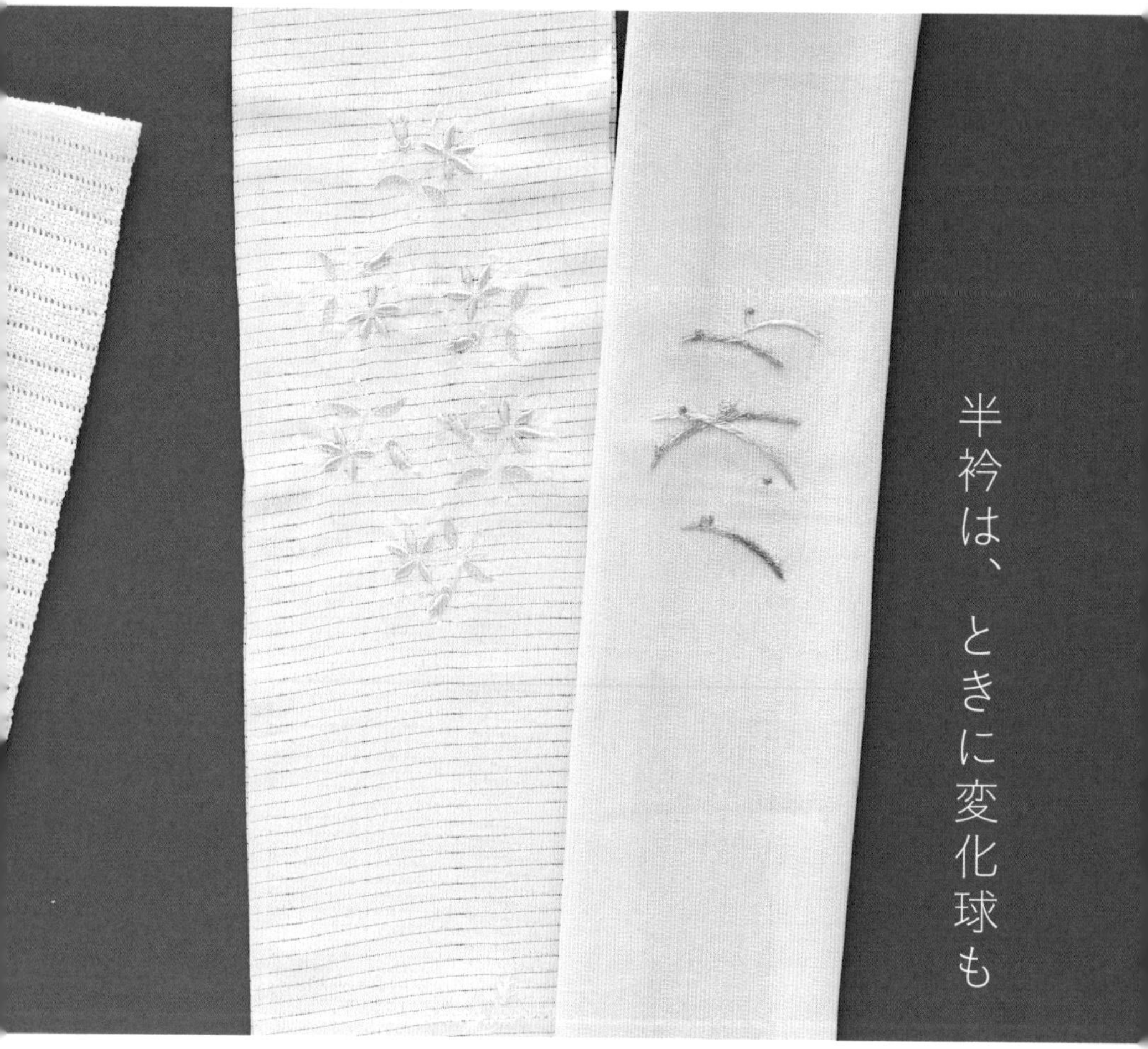

半衿は、ときに変化球も

浴衣をきもの風に着るとき、半衿はその季節に合わせます。5月から6月半ばぐらいまでなら単衣向きのものを。例えば、楊柳、薄手でシボのある化繊、綿麻、レースなど、爽やかだけれど透けない程度の素材を選びます。

6月末から9月初旬は夏の半衿を。オーソドックスな絽は、目が横向きに透けいかにも涼しげです。他には薄い麻、粒々が肌にひんやりするビーズを使ったものも。

梅雨の季節には水をイメージさせる柄、真夏は絽に露芝や秋草の刺繍が入ったものなど、顔まわりにちょっとニュアンスを添えるのも洒落ています。

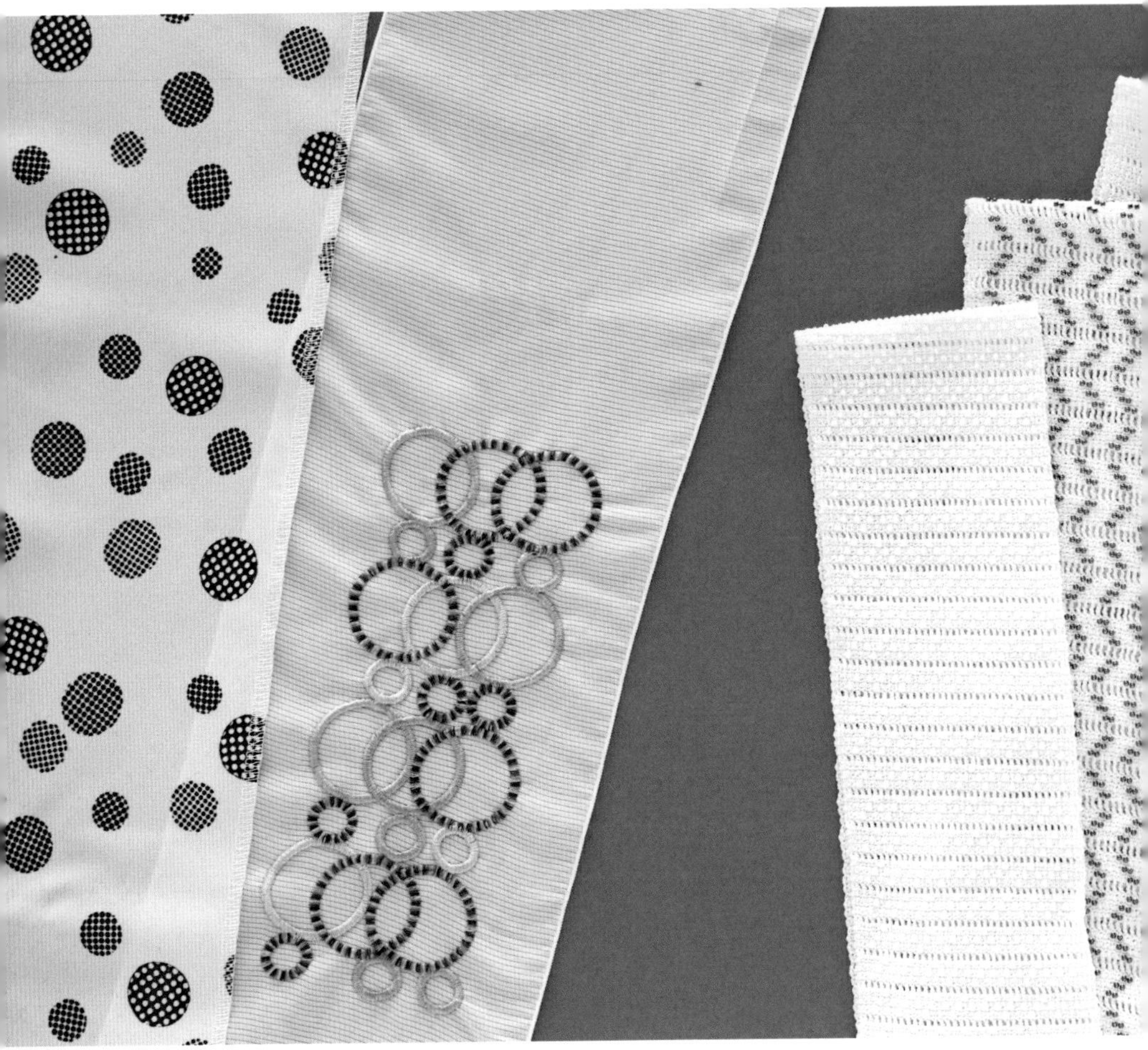

肌の弱い方は綿や麻、絹がよいと思いますが、私は盛夏はガシガシ洗いたいので、おめかし用以外はポリエステル素材も導入。半襦袢につけたまま、汚れを落として洗濯機で洗っています。

右から、露芝の刺繍がはかなげなクリーム色の半衿は、夏の後半から秋口にかけて使います。白の絹にベージュの花刺繍は、夏の初めから盛夏が出番で、長板中形や絹紅梅などに合わせます。真ん中の３枚は、きもの好きの先輩が手編みしてくれたレースの半衿。小さなビーズが編み込まれた素敵なハンドメイド。サークル刺繍は「ペタコ」さん、変わり水玉は「あんみつ姫」さんの作品。手作り品の通販サイト「Creema」には、可愛い半衿や和装小物が多数出品されています。

バッグは素材も色も軽やかに

木綿や麻の浴衣にはカジュアルなバッグ、それも自然素材で、軽くて小さめがマッチします。

竹や籐、胡桃や山葡萄など、植物の繊維を編んだかごは、どんな国のものも相性よし。インドネシアやタイ、ヨーロッパ各国のかごも持ちますが、いちばん頻繁に提げるのはナンタケットバスケットでしょうか。アメリカ東海岸のケープコッド沖に浮かぶ小さな島で、大切に伝承されてきた工芸品は、不思議と和服にぴったりしっくり。

また、「ユナヒカ」で制作した手編みのバッグも持ち手の長さが程よく、かさばらず、浴衣にも活躍してくれます。

右ページ・リネンヤーンの手編みバッグとシルバーの糸をモチーフ編みにした巾着型のバッグは、どちらも「ユナヒカ」。帆布に金属粉や顔料を重ねたバッグは菅岡久美子さんの作。左ページ上段・津軽の小沢春光さんが編んだ花結びの山葡萄かごは「イトノサキ」で。その左の山葡萄かごは15年選手。中段の２つは「handvaerker」のナンタケットバスケット。「ブラソンドゥテール」でオーダー。下段のバリ島で買ったアタバッグ、大分の「工房筍」のサイコロ型も愛用。

おわりに

2冊目の著書『きものを着たら どこへでも』を出したあと、「次は浴衣でお願いしたい」と、出版社からお話がありました。

時はコロナ禍、外出制限の真っ只中。浴衣でお出かけできる日が来るだろうか？ と不安半分、2年先には明るい夏の日が待っているに違いない！ と期待半分。以来、秋も冬も、一年中、浴衣のことを考える日々がやってきました。

2012年、浴衣なら（きものと違って）元が取れなくてもそれほど痛くないという、私のしみったれな胸算用から始まった浴衣道は11年を超えました。パリッとした綿は、しっとり柔らかくなりました。その間、浴衣業界にも変化の波が訪れたように思います。そういう「いま」を反映した、現代的な浴衣の本にしたいと案を練りました。

前2冊と同じく、編集担当は秋山絵美さん、ブックデザインは渡部浩美さんの名コンビ。写真はアシスタント時代を含めて、いくつかの雑誌でご一緒してきた豊田都さん。ヘアメイクの福沢京子さんは1冊目、草場妙子さんは2冊目に引き続き、お世話になりました。着付けの森由香利さんは、私が初めてきものをテーマに雑誌の取材を受けたとき、着付けしてくれました。以来、私が編集を担当した雑誌の仕事でもご一緒し、今回は帯結びの動画についても力強いサポートをいただきました。

この本で着用しているものはすべて私の私物ですが、物撮影ではいくつかお借りしたものもあります。快く浴衣を貸してくれた友人や先輩後輩に感謝いたします。また、クリーニングについて的確なアドバイスをくれた大学時代の同級生、取材に協力してくださった浴衣メーカーや呉服店、作家さん、和裁教室でお世話になった先生と仲間たちにも心よりお礼申し上げます。

京都きもの市場

www.kimonoichiba.com
「誉田屋源兵衛」芭蕉糸半幅帯（P5、27）、「知念紅型研究所」名古屋帯（P83）

花想容

kasoyo.com
「協和織工場」博多小袋帯（P29、89）、「一脇」木草履（P19、47、49、130）、利休下駄（P131）

名古屋マルトヤ

www.kimono-shop.co.jp
「手描きジャワ更紗 Reisia」麻名古屋帯（P7）

染織工藝 むら田

www.ginzamurata.co.jp
首里ロートン花織半幅帯（P95）

作家・和装小物など

紅型ナワチョウ

bingata-nawachou.com
月桃柄半幅帯（P2、4、75）、パピルス柄半幅帯（P19、20、108）

COCOON 西川はるえ

textile-cocoon.com
「夏のほとり」名古屋帯（P81、82）、「日暮れの頃やんばる」半幅帯（P37、102）

松原智仁

instagram@matsubara_jewelry
切子帯留め（P87、128）、白珊瑚帯留め（P128）

神田胡蝶

www.zouri.co.jp
高右近下駄（P29、75、131）

道明

kdomyo.com
帯締め（P19、75、83）、三分紐（P49、74、87）

祇園ない藤

instagram@gion_naito
畳表装履（P131）、JOJOサンダル（P5、77、130）

和装小物きねや

kyoto-kineya.co.jp
麻足袋（P133）

ユナヒカ

www.yunahica.com
リネンヤーンバッグ（P29、136）、クロッシェバッグ（P47、136）

Yukari Mori Kimono Studio

本書で着付けを担当、「8つの半幅帯結び」の動画を監修いただいた森由香利さんが主宰するスタジオ。

きものスタイリング、着付け教室、出張着付けほか、オンラインレッスンも行っている。

https://yukarimori.com

取材協力

髙橋美鈴　奥田美智子　坪川友紀
青山きもの学院　小関三枝子　伊藤良哉

撮影協力

上野精養軒
（P2,49～53,75）
屋上ビアガーデンからの夕暮れの景色がきれいで、毎夏浴衣で行くのが楽しみ。
東京都台東区上野公園4番58号

本覺山 妙壽寺
（P19～45,67,81～83、108）
東京都世田谷区北烏山5-15-1

千歳湯
（P3、71）
東京都荒川区西日暮里4-8-4

お問い合わせ先

浴衣と帯のほとんどは、同じものがあるとは限りませんが、
メーカーやお店のホームページやインスタグラムを訪問してみてください。
お気に入りを見つける一助になればとご紹介します。

メーカー

竺仙

www.chikusen.co.jp
奥州小紋「桐の葉」(P67)、「菊」(P37)、「柳につばめ」(P56)、綿コーマ「萩」(P33)、綿絽「菊」(P57)麻のリバーシブル半幅帯(P67、106)

新江戸染 丸久商店

shinedozome.com
綿麻「点点」(P6、47)、綿コーマ「網目文」(P95)、「ぶどうと蝶」(P59)、綿絽「牡丹」(P58)

㈱近喜

名古屋市緑区境松 1-704
有松絞り(P70 〜 75)

藤井絞㈱

instagram@kyoto_fujiishibori
雪花絞り(P5、29、87)

西村織物

nishimura-orimono.jp
紗織半幅帯(P45、89、100)

呉服店・ギャラリー

銀座もとじ和織・和染

www.motoji.co.jp
「藍形染まつばら」長板中形、松原利男「白地に朝顔」、松原伸生「笠文」(P4、81 〜83)、「紺仁」片貝木綿半幅帯(P6、47)、「びんがた工房くんや」あられ菊名古屋帯(P6)

呉服の粋 ふくひろ

www.fukuhiro-kimono.com
「藤井絞」雪花絞り(P5、29、87)、「竺仙」綿紅梅「波にかもめ」(P5、77、138)、福永世紀子　土佐手縞夏帯(P74)

きもの水流

www.gofukuyasan.jp
有松工芸手蜘蛛り(P2、6、75)、有松工芸小帽子・三浦絞り(P74)、友禅染青芭蕉柄名古屋帯(P52、53)、「栗山吉三郎工房」野菜柄名古屋帯(P95)

染と織たかはし

www.okimono.jp
麻の長襦袢と半襦袢(P127)

THE YARD

the-yard.jp
有松絞り(P60)、伊勢型木綿(P61)

シルクラブ

silklab.com
「菊地信子コレクション」麻有松絞り(P3、71)、秋草柄絹紅梅(P52、53)、山下健　ロートン半幅帯(P5、49)

あら船

www.arafunekimono.com
銀杏落葉柄浴衣(P45、100 〜 107)、首里ロートン織半幅帯(P77、103、138)

着物乃塩田

shiota-shouten.co.jp
紗献上博多織名古屋帯(P87)、菅岡久美子バッグ(P52、136)

月日荘

www.tukihiso.com
「誉田屋源兵衛」「月照乱華」浴衣(P51)、更紗×無地リバーシブル半幅帯(P23)

イトノサキ

itonosaki.tokyo
「江戸組紐中村正」帯締め(P23)、花編み山葡萄かご(P19、137)、樺細工下駄(P67、74、130)

山崎陽子　yoko yamasaki

1959年福岡生まれ。マガジンハウスで雑誌『クロワッサン』『オリーブ』『anan』編集。その後、フリーランス。『クウネル』（マガジンハウス）『エクラ』（集英社）『つるとはな』創刊から編集、ライターとして参加。女性誌、ムック、書籍の編集、ライティングの仕事をしながら、洋服ブランド『yunahica』を立ち上げ。浴衣歴は11年に。インスタやさまざまなイベントでの肩ひじ張らない洒落た着こなしが人気。著書に『きものが着たくなったなら』『きものを着たら どこへでも』がある。

instagram@yhyamasaki

写真　豊田都

※P62〜63、79、93、94、112〜124は著者撮影

着付け、動画監修　森由香利

ヘアメイク　草場妙子（カバー、P1〜7、15、47〜53、65、71〜77、97、109、125、138）

福沢京子（P19〜45、67、81〜83、108）

ブックデザイン　渡部浩美

図版制作　高瀬美恵子（株式会社技術評論社）

DTP　酒徳葉子（株式会社技術評論社）

編集　秋山絵美（株式会社技術評論社）

おとなの浴衣《ゆかた》、はじめます

2023年4月28日　初版　第1刷発行

2023年6月17日　初版　第3刷発行

著者　山崎陽子《やまさきようこ》

発行人　片岡巌

発行所　株式会社技術評論社

東京都新宿区市谷左内町21-13

電話　03-3513-6150　販売促進部

03-3513-6185　書籍編集部

印刷・製本　株式会社加藤文明社

◎定価はカバーに表示してあります。

造本には細心の注意を払っておりますが、万一、乱丁（ページの乱れ）や落丁（ページの抜け）がございましたら、小社販売促進部までお送りください。送料小社負担にてお取り替えいたします。

ISBN978-4-297-13457-0 C2077

Printed in Japan